Ein zehnjähriges Mädchen wird vergewaltigt. Verstört läuft sie nach Hause, wäscht sich, wechselt die Kleider und schweigt. Wem könnte sie vertrauen? Dem Vater, der sie seit Jahren sexuell mißbraucht? Der Mutter, die davon nichts wissen darf? In dieser autobiographischen Erzählung wird das symbolische »innere Kind« Wirklichkeit und trifft auf die Autorin, deren Erinnerungen scheinbar gelöscht sind. Ein spannender Dialog beginnt...

Jule Wolf beschreibt, wie sie sich als Erwachsene ihrer traumatischen Erfahrungen allmählich wieder entsinnt und welche Erschütterung dies für sie bedeutet. Ihr Bild von sich und ihrer Familie zerbricht und gibt den Blick auf die Signale, die Hoffnungen und Enttäuschungen eines Mädchens frei, das jahrelang den sexuellen Übergriffen des Vaters ausgeliefert war.

Die Autorin erzählt ihre Geschichte sowohl aus der Sicht und in der Sprache eines Kindes bzw. einer Jugendlichen als auch aus der Perspektive einer Inzestbetroffenen und engagierten Pädagogin. Wechselnde Erzählebenen und Zeiten machen den Text lebendig und sorgen für kritischen Abstand ebenso wie für eine intensive Annäherung an die Geschichte eines sexuellen Mißbrauchs.

Jule Wolf ist ein Pseudonym. Die Autorin, geboren 1965, arbeitet als Erzieherin und studiert Diplompädagogik.

Tochter und Vater. Kinderzeichnung der Autorin

Jule Wolf

Tochterfrau nannte er mich

Geschichte eines Mißbrauchs

Fischer Taschenbuch Verlag

Die Frau in der Gesellschaft
Herausgegeben von Ingeborg Mues

Originalausgabe
Veröffentlicht im Fischer Taschenbuch Verlag GmbH,
Frankfurt am Main, November 1994

© Fischer Taschenbuch Verlag GmbH, Frankfurt am Main 1994
Gesamtherstellung: Clausen & Bosse, Leck
Printed in Germany
ISBN 3-596-11868-9

Inhalt

Vorwort

Teil I · Begegnung

Teil II · Vorschulzeit

Teil III · Die ersten Schuljahre

Teil IV · Die Jugendliche

Teil V · Nach dem Tod der Schwester

Nachwort

Für Hanna, Birgit und meine Freundinnen,
denen ich zwar nicht mein Leben,
aber meine Freude daran verdanke.

Vorwort

Eine Nestbeschmutzerin bin ich. Undankbar für all die schönen Erlebnisse meiner Kindheit. Die es ja auch gab. Ich weiß die Mühe, Zeit, Zuwendung und Geduld der Eltern nicht zu schätzen. Versuche ich etwa, in der Opferrolle zu verharren, die Eltern und die Welt anzuklagen, um mich dem eigenen Fehlverhalten nicht zu stellen? Die Gefahr besteht.

Ich kann nicht vergeben, wie es sich für eine Pfarrerstochter gehört. Wühle im alten Schmutz. Wasche die dreckige Wäsche in aller Öffentlichkeit. Die Bettlaken zum Beispiel. Warum darf man seine Wäsche nicht in der Öffentlichkeit waschen? Soll, was heimlich und im stillen geschieht, auch weiterhin geheim bleiben? Dürfen keine Namen genannt werden? Darf es nur Opfer geben, aber keine Täter? Es ist in diesem Land üblich, die von Vergewaltigung und sexuellem Mißbrauch Betroffenen der MittäterInnenschaft zu beschuldigen. Nur selten werden die Verantwortlichen mit ihren Übergriffen öffentlich konfrontiert.

»Du sollst Vater und Mutter ehren«, »Wer von euch ohne Schuld ist, der werfe den ersten Stein...«, »Schlägt dich einer auf die linke Wange, so halte ihm auch die rechte hin...«, »...und vergib uns unsere Schuld, wie auch wir vergeben unseren Schuldigern...« Ich habe meine Lektion gelernt, brauche nicht nachzugrübeln, um mich dieser Lehre zu erinnern. Warum veröffentliche ich meine Geschichte? In literarischer Gemeinschaft mit einigen anderen zornigen Pfarrerssöhnen und Pfarrerstöchtern? Führe schlechte Rede wider meine leiblichen Eltern, insbesondere den Vater, dem doch Ehrfurcht gebührt?

Weil ich verletzt bin. Mein Leben durch den Mißbrauch meiner Gefühle und meines Körpers geprägt ist. Meine Kindheit ist vorbei, das ist wahr. Ich kann sie nicht nachholen. Heute bin ich verantwortlich für mein Tun und Lassen. Ich versuche, mich dieser Verantwortung zu stellen. So gut ich kann. Ich möchte heilen. Bis vor kurzem wußte ich nichts über die traumatischen Erlebnisse meiner Kindheit. Ich ahnte den sexuellen Mißbrauch, weil ich mit den Folgeschäden leben muß. Aber ich kam mir schäbig und gemein vor, so etwas von meinem eigenen Vater zu denken. Ich liebte ihn ja. Ich liebe in ihm noch heute den Vater, der er mir AUCH war. Dann kamen mir die Erinnerungen. Sie waren so umfassend und detailliert, daß ich nicht mehr leugnen konnte, um mein Elternbild zu schonen. Mit der Erinnerung an die Verletzung beginnt meine Heilung. Ich weiß, daß es täglich weiter geschieht. Nicht mehr mir, aber den Mädchen und Jungen, die ich im Park, auf der Straße, im Supermarkt sehe. Den Kindern und Jugendlichen, mit denen ich arbeite.

Dieses Buch beschreibt meine Geschichte, so gut ich mich daran erinnern kann. Es soll nicht mir allein helfen. Ich hoffe, es kann Anregung und Impuls für eine Auseinandersetzung mit sexuellem Mißbrauch sein, der unter dem Deckmantel progressiver Aufklärung betrieben wird. Einer Aufklärung, die keine ist, wenn sie nicht auf Bedürfnisse, Fragen und Phantasien des Kindes eingeht, ihm hilft, seinen Gefühlen und Wahrnehmungen zu vertrauen und seine Grenzen zu entwickeln. Die statt dessen manipulativ an Macht, Lust und Zwängen der Erwachsenen ausgerichtet ist.

Teil I
Begegnung

Das Geheimnis

Unter dem alten Kletterbaum fand ich sie wieder. Neun Jahre ungefähr oder auch zehn. Kurze Haare, Ringelpulli, Schrammen am Knie. Da stand sie und sah einsam und verletzt aus.
Was ist mit dir los, Mädchen? Warum sitzt du nicht oben auf den Ästen in deinem Baum?
Aber noch wagte ich es nicht, sie zu fragen. Ich hatte Angst vor der Antwort. Ich setzte mich auf die Steinmauer. Die Scherben darauf waren schon mit einem dicken Hammer weggetrümmert. Das Mädchen hatte seinem Vater dabei geholfen und sich wider Erwarten der besorgten Mutter nicht geschnitten. Hier oben war unser Platz. Zwischen Kirchpfad und Pfarrhaus.

Das Kind läuft durch die hölzerne Pforte zur Kirche, füllt sich den Pullover voller Steine. Runde Kiesel, so groß wie ihre Fäuste. Die trägt sie wie Sterntaler in den Garten. Verteilt die Steine im Gras. Vor dem alten Schuppen, neben dem früheren Brunnen, unter dem Kletterbaum. Hier, im hinteren Teil des Gartens, kann uns niemand sehen, auch nicht vom Pfarrhaus aus. Hier sind wir ungestört.
»Wozu all die Steine?« fragte ich sie vorsichtig. Ihr Blick gleicht dem Verhalten junger Amseln, die, gerade flügge geworden, verzweifelt versuchen, wieder zurück ins Efeunest zu flattern. Die ein ums andere Mal tschilpend die Flügel spreizen, um es mit der alten Gartenmauer aufzunehmen.
Ich rechne kaum noch mit einer Antwort. Da sagt sie leise und voll Trotz: »Die Steine sind für den Rasenmäher. Der soll kaputtgehen.« Ihr Ton läßt keine weiteren Fragen zu. Mir ist unbehaglich. Ein Eindringling bin ich. Was für ein Recht habe ich, in dieses Mädchen zu dringen? Nun, immerhin tragen wir densel-

ben Namen. Sie kann mich nicht kennen. Ich bin eine Fremde für sie. Eine Frau mit einem ernsten, etwas traurigen Gesicht, die einfach auf ihrer Mauer sitzt. Hier im Dorf gibt es sonst keine Frauen, die oben auf Mauern sitzen und sich den Pfarrgarten ansehen. Irgend etwas stimmt hier nicht. Ich sollte gehen. Doch es ist mir nicht möglich. Dort, wo das Mädchen in mir war, ist heute ein kahler Fleck. Wie ein Bild, von dem nur die Helligkeit des Tapetenflecks bezeugt, daß es einmal existierte. Es muß etwas geben, daß ich wissen sollte. Ich kann nicht einfach fortlaufen. Breitbeinig sitze ich auf der Mauer und rauche. Denke an früher. Die Gerüche, die Farben und Geräusche sprachen eine eigene Sprache damals. Da war das weiche Fell meines Kaninchens. Seine zuckende Nase. Das eine Ohr war immer umgeklappt. Ich erschrecke. Das Mädchen ist zu mir hochgeklettert, hat mich an der Schulter berührt. »Kannst du ein Geheimnis behalten?«

Ich finde nur schwer eine Antwort. Ich habe schon zu viele Geheimnisse gehabt. Mit den GenossInnen, mit meiner toten Schwester. Mein Bedarf an Geheimnissen ist schon lange gedeckt. Sie bringen Unglück, mir jedenfalls. Nein, will ich sagen. Doch das ist wie ein Verrat an diesem Mädchen. Sie nimmt den Blick nicht von mir. Sieht, wie ich mit mir im Kampf liege. »Ich kann es dir nicht versprechen. Aber ich gebe dir mein Indianerehrenwort, daß ich verstehen will, warum dein Geheimnis nicht erzählt werden darf.«

Zögernd legt sie ihre kleine Hand mit den abgekauten Nägeln in meine. »Komm mit«, sagt sie schließlich. Wir rutschen von der alten Mauer, sie läuft vor mir her. Ich komme mir fürchterlich steif vor. Mein Rücken ist krampfhaft gerade, mein Kopf viel zu weit über der Erde, mein Körper ist unbewohnt. Verlassen.

Vor dem alten Schuppen bleibt sie stehen. Ihr Blick ist angsterfüllt. Mein Magen krampft, ich habe meine Tabletten gegen Gastritis vergessen. Mein Herz beginnt zu hämmern, hüpft wie ein gefangenes Tier im Käfig meiner Rippen. Ich atme tief ein, um das Pochen und Klopfen dieses Monstrums zu bändigen. Der Kleinen scheint es nicht besser zu gehen. Sie sieht blaß aus, sie schwitzt. Die Fenster des kleinen Fachwerkbaus vor uns gehen zum Garten hinaus, seitlich befinden sich eine Tür und ein alter

Hühnerschlupf mit verrostetem Riegel. Hier gibt es keine Hühner mehr. Der Platz im vorderen Schuppenteil reicht gerade aus für Fahrräder, Heuballen und Gartengerät, Farbreste und alte Lumpen. Es riecht nach Stein, Holz, Sonne – und unserer Angst. »Warte hier«, bitte ich sie. Ein dankbarer Blick. Ich öffne die hölzerne Tür, gehe hinein.

Die Mistgabel mit den spitzen grünen Zinken. Die blaue Jacke, über den Stiel gehängt. Gewalt droht. Ich habe Angst. Ich kann doch hier raus. Durch den Hühnerschlupf oder durchs Oberlicht. Nein! Ich werde festgehalten. Bin starr wie ein Stein. Er hält mir seine graue, stopplige Backe hin. Einen Kuß soll ich ihm geben. Weil er traurig ist. Ich stehe auf den Zehenspitzen und gebe ihm den Kuß. Einen richtigen Kuß will er haben, sagt er. Er hält mich hinten am Kopf fest. Er preßt seinen Mund auf meinen Mund. Naß ist es. Eklig ist es. Er bohrt seine Zunge in meinen Mund. Es schmeckt auch eklig. Die Zunge schiebt mir die Zähne auf, füllt den Mund aus. Ich bekomme keine Luft. Das schmatzt so komisch. Sein Atem bläst in meine Nase, es stinkt. Ich mag das nicht. Ich will das nicht. Unten passiert etwas. Sein Arm stößt gegen meinen Bauch. Erst als er meine Hand nimmt und gegen etwas Knubbliges, Warmes hält, verstehe ich, daß er sich den Hosenlatz aufgemacht hat. Ich mache meine Hand ganz gerade und steif. »Faß das nur richtig an, es ist schön«, sagt er. Starr lege ich meine Finger um das Ding. Es bewegt sich in meiner Hand, es reibt. Dann ist es naß und glitschig. Ich bin gar nicht da. Ich stehe draußen, vorm Schuppen. Ich fühle nichts.

Es ist noch nicht zu Ende, verdammt. WARUM KOMMT MEINE MUTTI NICHT? WO IST MEIN VATI? Die müssen doch wissen, daß ich hier so Angst habe. Die sollen mich hier rausholen. Ganz schnell. Keiner kommt. Er zieht mich in den hinteren Teil des Schuppens. Hinter der Bretterwand haben sich meine Geschwister alte Matratzen hingelegt. Eine Bretterkiste, eine Kerze, abgestoßenes Geschirr. Ich liege, er ist so schwer. Wieder krieg ich keine Luft. Mein Mund ist voll mit seiner Spucke. Er schnauft so komisch. Rutscht auf mir rum. Streift meinen Bauch mit etwas Nassem. Dann tut es weh. SO WEH zwischen den Beinen. Ich kann nicht vorm Schuppen bleiben, so weh tut das. Er muß doch sehen, wie erschrocken ich bin. Das muß er doch sehen und aufhören.

Dann geht er von mir runter. Er streift sich die Hosenträger hoch. Schließt seinen Hosenlatz. Seine kranke Frau kann es ihm gar nicht schön machen. Aber ich bin ja ein braves Mädchen. Ich soll es meinen Eltern bloß nicht sagen. Keinen Ton, SONST...

Seine Worte wirbeln in meinem Innern durcheinander. Hat er mir mit Gewalt gedroht? Ich weiß es nicht mit Sicherheit. Ich weiß nur, daß das Mädchen voller Angst nach der Schule immer gleich zum Kaninchenstall läuft. Sie nimmt das Kaninchen und hält es ganz doll fest. Das Kaninchen weiß Bescheid. Es wohnt in dem Stall, den ER gebaut hat. Der Küster, den das Mädchen auch mit Opa anredet.

Ich muß suchen, um das Mädchen wiederzufinden. Der Platz vorm Schuppen ist leer. Da steht nur der Kaninchenstall. Durch das Gras laufen winzige rötliche Ameisen. Ich durchquere den Garten. Er ist geschrumpft wie durch einen mächtigen Zauber. Vorbei an den Erdbeeren und dem Kirschbaum, in dessen Baumkrone im Frühsommer die Vögel um die ersten roten Kirschen streiten.

Im Gemeindeklo des Pfarrhauses finde ich das Mädchen wieder. Sie hat abgeschlossen, läßt mich aber rein. Wäscht sich zwischen den Beinen und am Bauch. Mit dem Gästehandtuch darf man sich nicht zwischen den Beinen abtrocknen. Sie nimmt Klopapier. So viel, daß das Klo fast verstopft. Unter dem laufenden Wasser spült sie ihren Mund aus. Verzweifelt und hoffnungslos wirft sie einen Blick auf mich. Der Dreck geht nicht ab, ich weiß. Der Dreck klebt weiter am Bauch, zwischen den Beinen und im Mund. Er klebt heute noch. Ich habe mich seitdem so oft gewaschen. Sachte berühre ich ihre Schulter. Sie zuckt zusammen. »Das also ist dein Geheimnis?« – »Das ist noch nicht alles«, sagt sie.

Meine Kehle schnürt sich zu. Nein, ich will es nicht wissen. Will ihr sagen: »Das hast du dir nur ausgedacht.« Aber bevor ein Wort aus meinem Mund kommt, weiß ich, das ist der tödliche Satz. »Ich will versuchen, dir zu glauben. Gib mir Zeit. Ich muß zwischen meinen Besuchen bei dir doch Geld verdienen, zur Uni gehen, spülen und einkaufen. Gib mir Zeit. Dein Geheimnis ist so alt, laß uns noch etwas damit warten.« Mir stehen Tränen in den Augen. Dabei habe ich doch das Weinen schon lange verlernt.

Therapie oder:
Hinter der Sichtblende müßte der Himmel blau sein

Der Raum ist mir vertraut. Die beiden schwarzen Ledersessel. Der kleine Tisch mit den Blumensträußen, die Bilder und Figuren. Sie sagte mir: »Das ist dein Raum hier.« Es stimmt nicht. Hier arbeitet sie. Ich muß sie mir mit den anderen PatientInnen teilen. Sie bestimmt, was hier geschieht. Denn ich brauche sie. Bin ausgehungert von einem uralten Hunger.
Wie elektrische Schließanlagen schieben sich die Wände in meinem Kopf zusammen. Lautlos und gespenstisch. Hier dringt nichts durch. Kein Gefühl, kein Leben. So stelle ich mir die Deprivationsfolter im Hochsicherheitstrakt vor. Jeder Reiz wird registriert. Die Kamera hinter meinem Auge verfolgt mit starrem Funkeln jede Bewegung. Speist lautlos Informationen ein in endlose Computersysteme. Die Anlage ist hermetisch abgeriegelt. Ab und zu kratzt ein Impuls, der zwischen den Mikrochips abgerutscht ist, über meine Seele. Jäh schrecke ich auf. Doch nur, um gleich wieder in den Sog zu geraten. Dem Strudel aus Angst und Kontrolle. Schon wird der Kratzer zum Objekt meiner Beobachtung. Weit hinten im Raum, durchsichtig, dem gläsernen Blick entzogen, tummelt sich mein *Ich*.
Verjagt, ausgestoßen, in Sicherheit. Kauert dort am Schreibtisch. Gerade noch nah genug, zu beobachten, was hier geschieht.
Zwei Meter entfernt, unendliche Meter, sitzt *sie*. Ich behalte sie im Blickwinkel. Es ist schwer, ihr Bild scharf einzufangen. Nur die Bewegungen sind leicht zu registrieren. Der wippende Fuß, der zum Kopf geführte Arm. Aber ihre Augen, ihr Atem, ihre Gefühle sind wie ein Virus. Sie erzeugen Kurzschlüsse im endlosen Datennetz. Unberechenbar ist *die da drüben*. Sie sieht mich an.

Ihre Anteilnahme bohrt sich in mein Nichts. Ich könnte auf diese schwankende Brücke steigen. Über die Blickbrücke heimgehen in den Frauenkörper, der dort unter mir auf dem Sessel sitzt. Die Hände schützend vorm Bauch. Heimgehen zu meiner Verwirrung, dem Schmerz, der Angst. Von weit weg sendet sie Morsezeichen der Zuversicht. Zögernd wage ich es, krieche in mich hinein. Die Kamera ist abgestellt. *Ich* sehe sie. »Ich brauche dich jetzt«, höre ich mich sagen. Schnell und geräuschlos schließen die Türen. *Ich* bin nicht mehr ich. Meine Reste lasse ich ihr zurück. Die funktionieren von selbst. Ich höre mich reden. Das bin nicht *ich*. Diese Frau, fast dreißig, die da mit Worten jongliert.

Sie läßt mich ausruhen. Mein Blickfeld ist dunkel. Die Lider sind so schwer. Es ist ruhig hier im Dunkeln. Ich überlasse mich dem Sessel. Er saugt mich auf. Ein klirrendes Geräusch. Ihr Armreif, ihr Ohrring? Blitzschnell bin ich da. Ringe um Kontrolle, sichere, registriere meine Umgebung. Mein Herz pulsiert. Mein Magen redet. Er gluckert, stößt, knarrt. Ihrer antwortet. Dann der Geruch fauler Eier. Es stinkt. Ich stinke. Ich habe das nicht bemerkt. Es ist einfach passiert. Der Raum voll mit meinen Gasen. Ich möchte mich so gern entschuldigen. Für meine stinkende Präsenz. Kein Wort verläßt meine Lippen. Ich bleibe stumm.

Weiß sie, was ich empfinde im körper- und gefühllosen Raum? Die Gesetze der Schwerkraft gelten hier nicht. Im Panzer eines Astronauten wirbele ich durch meine innere Stille. Füttere *die dort* mit Worten ab. Ich erkenne die Stimme nicht als die meine. Sende Signale, stumme Hilferufe. Halte voll Anstrengung die Datennetze unter Strom. Ordne, mühe mich um die richtigen Schaltungen. Sie bringt mir alles in Unordnung. Ich höre, wie sie mit mir spricht. Besuchszeit. Fünfzig Minuten mit Trennschcibe. Dickes, gepanzertes Glas. Ich flüstere meine Worte in das kleine Mikrofon. Sie kommen ins Protokoll. Meine Mimik, meine Gestik, alles wird aufgezeichnet. Ordentlich und penibel, deutsch. Material zur Aufstandsbekämpfung meiner Gefühle. Lange bevor sie mich erreichen, liegen sie erschlagen auf dem Boden. Hier dürfen sie nicht raus. *Die da drüben*, die will das Kind in mir an ihre Brust nehmen und nähren. Mit all seinen unerträglichen Gefühlen. Sie lockt und lauert. Sie quält mich, aber meine Wände werden doch nur immer dicker. Verrecken soll dieses erschrockene, gefräßige Kind. Ich will es nicht haben. Wütend tritt es mir ans Schienbein. Beißt mich in die Hand. Es will unbedingt rüber, auf den Schoß dieser fremden Frau. Ich ermüde, lasse los. Aber es kann nicht aus mir raus. Das Gör. Eine Nabelschnur aus gehärtetem Stahl verbindet uns. Mein Schoß ist für das Kind glatt und kalt wie poliertes Chrom. Tut mir leid, Kleine. Wir bleiben zusammen.

Die da drüben gibt nicht auf. Sie hat die Vergewaltigung nicht vergessen, von der meine Stimme ihr eben erzählte. Sie hat die Schmerzen in meinem Gesicht gesehen, die Einsamkeit gespürt. Sie schickt mich nicht fort. Noch nicht. Ich aber kenne ihre Tricks. Taschendiebtricks. Erst macht sie mich verletzlich, dann schickt sie mich vor die schalldichte Tür. Setzt mich verwundbar auf die Straße. Es ist alles nur ein böser Traum. Ich wurde nicht als Kind vergewaltigt. Das ist Trieb und Phantasie. Neurotische Abwehrmechanismen meiner ödipalen Lüste. Nein. Doch. Nein.

Nebel. Dicke Schwaden aus Mißtrauen und Angst wehen durch den Raum. Kein Wunder, daß nur die Infrarotkamera ihr Gesicht dort drüben wahrnimmt. Ihre Worte dringen durch den Dunst. »Du brauchst hier nicht zu fühlen. Du kannst so bleiben.«

Mein Körper gleitet entspannt in den endlos tiefen Sessel. Ich würde aber gern fühlen. BITTE. Das kann sie nicht hören. Das hört nur die elektrische Wanze. Der Himmel müßte blau sein hinter der Sichtblende meiner Zelle. NEIN, mein Vater nicht. Der hat mich nicht angerührt. Da war nur der alte Küster, der sich Jahre später erhängte. Wie kann ich so etwas von meinem eigenen Vater denken? Das ist aktive Schäbigkeit. Angespanntes Lächeln in den Mundwinkeln. Heuchlerin! Cheese!

Die da drüben rührt mich an in ihrer Anteilnahme. Aber sie meint sicher nicht mich. Sie fühlt mit dem Blag, dem Gör, der Rotznase und Heulsuse, mit der ich die Zelle teilen muß. Lange schon bin ich dem Kind eine schlechte Mutter. Eine Knastwärterin. Aber doch nur, um es zu schützen. Laß diesem Kind kein Leid geschehn, o Herr.

Sie macht ihre Arbeit. Professionelle Einfühlung in mißbrauchte Mädchen und Frauen. Das muß sie doch ankotzen, all die Gewalt. Jetzt sitze auch ich noch da, erzähle ihr davon. Wie hält sie das stumme, hilflose Leiden gegenüber aus? Die permanente Kontrolle, die ich ausübe? Läuft sie wie ich durch die Straße: eins, zwei, drei, vier – du auch; eins, zwei, drei, vier – du auch. Ahnt sie hinter freundlichen Männergesichtern die Täter? Die, von denen es keiner gedacht hätte?

Woher soll ich all das Vertrauen nehmen, das ich hier brauche? Meine Taschen sind voll gähnender Leere. Nur ein Taschentuch ist darin, zur Vorsicht, damit ich von ihren dort auf dem Tisch nicht abhängig bin. Aber ich weine nicht. Hier schon gar nicht. Nie. Hier zupft die Morddrohung an meinen blanken Nervenenden. *Du* machst mich nicht verrückt. Deinetwegen gehe ich nicht auf ein Hochhaus wie meine Schwester. Die blöde Therapie wird mich nicht in die Psychose treiben.

In mir wächst die Sehnsucht. Nach Gefühlen. Nach Ganzheit. Ich will die Spaltung zuheilen. Diese Hoffnung ist gut versteckt in meiner Zelle. Sie ist da. Sie gedeiht. *Die da drüben* ersetzt dem Keimling die Sonne. Deckt ihn zu, wartet und gießt. Beschützt ihn gegen mein jähes Trampeln. Er wächst. Jede Woche fünfzig Minuten. Bis ich gehen muß. In die Welt, in der ich Erzieherin bin. Freundin und Studentin bin. Die Welt der Euroschecks und des Keep-on-smilings.

Ich spüre ihre Hand, die ich zu fest und zu lange drücke. Mein »Tschüs« rutscht hart und laut aus dem Mund. Sie wird mich verstoßen, denke ich. Und ich lächle im stillen darüber. Denn jetzt habe ich *sie* in die Tasche gesteckt. Jetzt nehme ich sie mit in meinen Alltag, in dem ihre Stimme mir Zauberwörter ins Ohr sagt, die mich beruhigen und trösten.

Der nasse Igel

Ich habe nachgedacht. Ich verstehe nicht, warum du nicht zu deiner Mutti läufst und ihr alles sagst. Dich fest in ihren weichen, warmen Körper wühlst und ausweinst. Du brauchst Schutz vor diesem alten Mann. Deine Eltern sind da, dich zu schützen.

Das Mädchen sieht mich ernst an. Dann zeigt sie mir ihre Hände.

Die Kinderfinger sehen an den Kuppen aus wie verätzt. Kleine rote Pusteln bedecken die Handflächen.

Gemeinsam gehen wir zur Mutter in die Küche. Sie steht, zerpflückt den Salat, der für fünf Menschen reichen soll. Sie schaut sich die Hände ihrer Jüngsten an und erschrickt.

»Hast du etwas angefaßt?«

»Ja, im Schuppen, da war ein nasser Igel.«

Die Mutter ist ungläubig. Das Kind beschreibt ihn. »Es ist wie diese Dinger, wo man die Blumen reinstecken tut.« Die Mutter tippt auf Blumenmoos. »Nein, ich meine nicht den Schaum. Ich zeig's dir.« Das Kind läuft zum Wohnzimmerschrank. Quietschend gibt er seine Innereien frei. Sie holt die kleine, runde Metallscheibe heraus, aus der Nägel ragen. Darauf werden die Blumenstiele gespießt. »So sah es aus!« sagt das Kind. Die Mutter geht mit zum alten Schuppen. Fassungslos sieht das Kind, daß das Tier weggelaufen ist. Der komische, nasse Igel. Dieses Tier aus Schaum, Metall und Igelstacheln. Zwanzig Jahre hatte sich dieses Vieh in mir eingeigelt, bis es wieder wurde, was es war. Ein knubbliges, nasses Ding in starren Kinderfingern.

Aber WARUM hast du es ihr denn nicht gesagt? Du weißt doch, was geschehen ist. Du hast doch solche Angst vor einem Baby in deinem Bauch, der platzen wird, weil er noch nicht groß genug ist. Ein Jahr willst du warten. Wenn dann kein Baby kommt, hast du Glück gehabt.

Meine Finger tippen über die Tastatur der Schreibmaschine. Da sind sie wieder, die roten juckenden Pusteln. Es ist wahr. Das Kind hat es erlebt. Ich habe es erlebt. Aber warum hat es den Eltern nichts erzählt?

Die Zeit zieht uns rückwärts. Das Mädchen wird jünger. Nicht viel. Wir stehen vor der weißgetünchten warmen Kirchenmauer. Die Wand im Rücken. Die runden Kiesel unter den nackten Füßen. ER steht da. Das Kind soll ihm die Hose anfassen. Er bewegt seinen Körper in den Hüften. Preßt ihn fest gegen das Mädchen. Stützt sich neben den Schultern des Kindes an der Kirchenmauer ab. Er keucht.

Er hält mich am Arm fest. Meine Hand drückt er gegen die komische Beule an seiner Hose. Er reibt seine kratzige Backe an meiner. »Hör auf«, sage ich. Mache mich klein, schlüpfe zwischen seinen Armen raus, renne heim ins Pfarrhaus. Meiner Mutti habe ich das erzählt. Sie will alles ganz genau wissen. Sie sagt, es ist gut, daß ich zu ihr komme. Der Vater soll das auch hören. In seinem Arbeitszimmer riecht es nach Pfeife und Büchern. Ich stehe und erzähle, schaue dabei zum Fenster raus auf die Dorfstraße. Ich bin jetzt sehr wichtig und soll mir nichts ausdenken. Meinem Vati erzähle ich das nicht so gern. Meine Mutti ist sehr aufgeregt.

Mein Vater meint, das darf unter keinen Umständen bekannt werden. Damit es im Dorf kein Gerede gibt. Ausgerechnet der Kirchendiener. Die Gemeindeschwester wird ihm sagen, daß er so was nicht machen darf. Meine Mutti kann das nicht, weil sie eine Frau ist. Mein Vati kann das nicht, weil er der Chef vom Küster ist. Deswegen wollen sie die Gemeindeschwester bitten. Sie ist zwar auch eine Frau, aber irgendwer muß es ihm ja sagen.

Von nun an werden Kirchhof und Garten zum Feindesland. Ein Indianerjunge schleicht dort, der alles sehen muß, wissen muß, weite Bogen um den Feind zieht. Den alten Mann, der freundlich tut. Der sonntags in der Kirche ist, betet und singt, die Kollekte einsammelt und dem Vater hilft. Der den Garten pflegt, in dem der Indianerjunge spielt. Die Mutter hat gewarnt. Nimm dich in acht. Paß gut auf. Der Vater hat gesagt, der Küster hat das nicht böse gemeint. Er wird es nicht wieder tun.

Bald danach muß es gewesen sein, daß der alte Mann das Kind zur Rede stellte. Wieder hat es eine Mauer im Rücken. Die alte Gartenmauer. Das Kind versteht nicht, warum er so doll böse ist. Was er mit »rumerzählen« meint. Es hat doch nur den Eltern gesagt, was geschah. Es weiß nur eins, ganz fest. »Ich lüge nicht!«

Die Erinnerung an den Übergriff vor der Kirche habe ich all die Jahre behalten. Jedoch ohne zu spüren, wie ich mich damals fühlte. Sonst wußte ich nichts mehr. An den nassen Igel konnte ich mich erinnern, seitdem habe ich oft eine Allergie an den Händen gehabt. Die Erinnerung an das Tier, das ich im Schuppen anfaßte, erschien mir bedeutungslos. Eine von vielen Kinderphantasien.

Das also ist dein Geheimnis. Du konntest es den Eltern nicht sagen, weil sie dich nach dem ersten Übergriff nicht geschützt haben. Du glaubtest selbst schuld zu sein, denn deine Mutter hatte dich vor dem Küster eindringlich gewarnt. Ob mir deshalb die Kehle eng wird, wenn ich mit einem Mann allein im Zimmer bin? Erklärt das jetzt endlich meine panische Angst, wenn es um sexuelle Lust geht? Warum ich nasse Küsse verabscheue und in Angst und Wut gerate, wenn mich jemand am Handgelenk packt? Warum ich nicht wie die anderen bin?

Das Mädchen steht vor mir. Sie hat ihre schmalen Arme um sich gelegt. Schaut auf ihre bloßen Füße. »Du kennst das Geheimnis noch nicht«, sagt sie leise. »Aber doch! Ich war dabei im Schuppen. Tränen liefen mir übers Gesicht, der Mund zuckte vor Ekel. Der Schmerz im Unterleib hat sehr weh getan beim Erinnern. Ich bin deine Zeugin. Du kannst mir vertrauen. Kannst zur Pflege zu meiner Therapeutin. Ich kenne dein Geheimnis jetzt und glaube dir.« Stumm sieht mich das Mädchen an. In ihr tobt ein Kampf. »Das ist noch nicht alles.« Sagt sie.

Ich ahne Schlimmes. Allerschlimmstes. Ich will es nicht wissen. Behalte dein Geheimnis, Kind. Ich komme so schon kaum durchs Leben. Geheimnisse sind mir verhaßt. Sie quälen mich und enden immer schlecht. Obwohl, da gab es eine Heimlichkeit, an die ich mich erinnere. Die war nicht so mies, die nahm ein gutes Ende.

Das Katzenkind

Es ist in der Zeit, nachdem der Küster dich im Schuppen vergewaltigte. Da bist du im Oberdorf beim Kuhbauern. Ein Bär von einem Mann. Am Pfingstsonntag brät er jedes Jahr Kartoffeln und Speck. Er steht dann groß und breit vor dem Feuer, über dem eine verrußte gußeiserne Pfanne hängt. Dir schmeckt es beim Kuhbauern.

Die Scheune ist voller Kühe, die riechen gut. Heu und Kuhhaut, Kuhscheiße und Holz feiern ein Fest der Gerüche. Dazwischen wuseln all die vielen Katzen. Die großen Katzen sind scheu und mißtrauisch. Aber die Katzenkinder lassen sich greifen. Sie huschen der Schnur hinterher, die du vor ihnen herschlängelst. »Nimm dir eins mit.« Sagt der Kuhbauer mit seiner lauten tiefen Stimme. »Das darf ich nicht.« Sagst du. Du hast ja bereits Fische, dein Meerschweinchen, dein Kaninchen und den Familienhund. Das werden die Eltern NIE erlauben. Auch wenn du allein für das Katzenkind sorgst. »Ach was, nimm ruhig eins mit. Hier sind zu viele, da gibt's bald keine Mäuse mehr.«

Du hältst das Katzenkind fest im Arm. Auch wenn es etwas zappelt und strampelt. Es ist warm. Sein Bauch ist weich. Der Schwanz ganz kurz. Das Fell flauschig und die Nase hellrosa. »Flecki« soll es heißen. Alle deine Tiere sind getauft. Du streichst ihm Wasser über das Köpfchen. »Flecki, ich taufe dich im Namen des Vaters, des Sohnes und des Heiligen Geistes, AMEN.« Du hast kein kostbares Taufbecken mit heiligem Wasser. Johannes der Täufer hat Jesus in einem Fluß getauft. Der alte kleine Topf voll Wasser tut es also auch. Gott sieht dich. Er hört und weiß ALLES. Er findet dich im Versteck hinter der Dorfkirche. In dem niedrigen Haus dort lagert der Küster das Gartengerät.

Hier riecht es anders als im alten Schuppen. Über eine Metalleiter kletterst du unters Dach. Neben den Brettern liegen jetzt Decken, damit das Katzenkind nicht friert in der Nacht. Ein Schälchen mit Wassermilch, schlau organisiert: »Mutti, ich will Baby spielen, mach mir bitte das Fläschchen voll Milch.« Du bist schon lang kein Baby mehr, du bist eine Katzenmutter.

Aber das Katzenkind ist oft allein. Es wird immer scheuer. Flecki kommt nur wegen des Essens zu dir. Sie kann dich nicht leiden. Du hast sie eingesperrt. Du bist böse. Gott sagt das auch. Nur kurz darf das Kätzchen immer auf den Rasen im Kirchhof. Das nimmt Flecki dir übel. Sie schreit. Sie weint. Immer dünner wird sie. Alles liegt voll Häufchen und stinkt. Du machst Ordnung. Aus Muttis vollem Portemonnaie nimmst du die silbernen Fünfziger und Markstücke. Stehlen ist eine Sünde. Aber Whiskas ist sehr teuer.

In der Deutschstunde und beim Rechnen sieht das Kätzchen dich traurig an. Es sitzt ganz allein dort auf dem kalten Steinboden. Alles zieht und zerrt dich dorthin. Du gehst morgens vor der

Schule früher los, kaum bist du außer Sichtweite des Pfarrhauses, schlägst du einen Bogen, um Flecki zu begrüßen.

Aber jetzt ist sie allein. Du mußt im Unterricht aufpassen. Dich melden. Eine gute Schülerin sein. Du sollst wissen, wieviel 7 x 8 ist. Auch wenn der Lehrer dich nachts im Schlaf weckt, sollst du ihm antworten: 56!

Beim Mittagessen fliegt die Sache auf. Die Mutter fragt, wer all die Whiskasdosen in den Mülleimer getan hat. Ob eines der Kinder den Dackel heimlich füttert. »Ich war es nicht«, sagt die ältere Schwester. Auch der große Bruder hat keine Ahnung. Das würdest du auch gern sagen. Aber Lügen ist eine schlimme Sünde. In diesem Fall so schlimm, daß auch heimlich gekreuzte Finger oder verschränkte Füße nicht helfen. Gott wird sehr, sehr traurig sein. Du mußt es deiner Mutti sagen. Nach dem Essen hilfst du die Spülmaschine einräumen und beichtest. Die Eltern schimpfen, alle beide. Aber das ist nicht so schlimm. Du sollst Flecki zurückbringen. Vati ruft den Kuhbauern an.

Beschämt und traurig trägst du dein Katzenkind ins Oberdorf zurück. Dein Herz klopft zum Zerspringen. Der Kuhbauer schimpft gar nicht. »Laß sie laufen«, sagt er nur. Du gibst Flecki einen Kuß auf die Nase. Nimmst erleichtert und traurig Abschied. Es ging dem Kätzchen nicht gut bei dir, das weißt du. Auf dem Heimweg redest du lange mit Gott. Er soll gut auf dein Katzenkind aufpassen. Flecki soll immer Mäuse finden.

Pfarrers Kinder, Müllers Vieh

Ich gewöhne mich allmählich an das Mädchen. Lerne ihren Alltag kennen, begleite sie in die Dorfschule. Empört verfolge ich den Unterricht. Vor den SchülerInnen der vierten Klasse steht das Fräulein. Sie wird bald pensioniert und ist doch ein Fräulein. Mit hoher Stimme sagt sie vom Lehrerpult aus: »Jetzt legen wir alle unser goldenes Schlößlein vor den Mund, drehen den Schlüssel herum und werfen ihn weit, weit aus dem Fenster.«

Die Kinder legen sich pantomimisch Schlösser vor den Mund,

schließen ab und werfen ihre Schlüssel zur Dorfstraße hinaus. Sie wechseln stumme, grinsende Blicke wie VerschwörerInnen. Alles klar, das Fräulein ist halt schrullig. Sie sind doch keine Kindergartenkinder mehr.

Beim Einmaleins läßt das Fräulein die Kinder »Kaiser, König, Bettelmann« spielen. Der Bettler hat nicht geübt, ist dumm. Er muß sich vorn an die Tafel stellen und vor der Klasse üben. Da halten die Kinder den Atem an, keiner will Bettler sein. Alle wollen Kaiser sein.

Der Herr Klassenlehrer ist gefürchtet und beliebt. Er macht gern Ausflüge auf die Felder und in den Wald. Dort erklärt er die Pflanzennamen. Er erzählt, wie früher Tinte aus den Gallblasen der Eichenblätter gewonnen wurde, welche Pflanzen gegen Warzen und Husten helfen und wo im Wald die Hügelgräber sind. Er singt altdeutsche Lieder: »Kein schöner Land...«, »In dem Teutoburger Walde...«, auch die Nationalhymne bringt er den Kindern bei, und er erzählt vom Krieg. Wenn er das Lied »Sing man tau, sing man tau, vom Herrn Pastor sin Kau, jau, jau...« anstimmt, wird das Mädchen verlegen. Jähzornig ist der Lehrer und streng. Zur Strafe müssen die Kinder in der Ecke stehen. Nachsitzen. Er wirft mit seinem Schlüsselbund und dreht den Jungen die Ohren um, bis sie rot werden.

Das Mädchen braucht die Ohren nicht umgedreht zu bekommen. Sie werden von selbst rot, wenn der Lehrer vor der Klasse steht, sie ansieht und bedeutungsschwanger sagt: »Pfarrers Kinder, Müllers Vieh, gedeihen selten oder nie!«

In der großen Pause spielt sie Nachlaufen. Oder Gummitwist. Tauziehen um Kinderkörper: Die Jungen schleppen die Mädchen ins Jungenklo. Die Mädchen wehren sich lachend, aufgeregt, ängstlich und verschwitzt. Das Mädchen steht vor seiner Freundin, sie singen und machen das Handschlagspiel:

> *»Bei Müllers hat's gebrannt, brannt, brannt,*
> *Da bin ich hingerannt, rannt, rannt,*
> *Da wollte ich was klaun, klaun, klaun,*
> *Da wurde ich verhaun, haun, haun.*
> *Da kam ein Polizist, zist, zist,*

Der schrieb mich auf die List, List, List,
Die List fiel in den Dreck, Dreck, Dreck,
Da war mein Name weg, weg, weg;
Ich hob sie wieder auf, auf, auf,
Da war mein Name drauf, drauf, drauf,
Da lief ich schnell nach Haus, Haus, Haus
Zu meinem Onkel Klaus, Klaus, Klaus.
Der lag in seinem Ehebett
Mit seiner Frau Elisabeth.«

Das Mädchen singt. Sie versucht, kein Hochdeutsch zu sprechen.
Sie wäre gern wie die *anderen*. Mit Rock, Zopfspange, weißen
Kniestrümpfen. »Das schaffst du nie!« flüstere ich ihr zu. Du bist
die Tochter des Pfarrers. Du hast keine Barbiepuppe. Bei euch
werden keine Schlager gehört, sondern Mozart. Du sagst nicht
Mama und Papa, sondern Mutti und Vati. Du kennst die Regeln
der *anderen* nicht. Du kommst aus der Stadt. Eine NEUZUGE-
ZOGENE, auch wenn du seit drei Jahren im Altdorf wohnst.
»Das schaffst du nie.« Ich muß es diesem Mädchen nicht flü-
stern. Wie sie dort allein im Klassenzimmer steht und Tafeldienst
macht, sehe ich es ihr an. Dieses Kind weiß, daß es keinen Platz
hat.

Allmählich gewöhn ich mich an die Frau. Sehe, wie sie sich an-
strengt. Die muß immer alles ganz genau wissen. Sie darf nicht
viel fühlen. In ihrem Körper wohnt sie nicht. Sie steckt das Essen
rein oder auch nicht. Ziept sich die Haare beim Kämmen. Trocknet sich unfreundlich ab. Raucht ganz viele Zigaretten und trinkt
Kaffee. Läuft starr und kerzengerade herum. Sie redet ganz viel.
Ihr Zimmer ist voll von Büchern und Papier. Da sitzt sie oft und
liest oder schreibt.
Sie ist gern allein. Ich glaube, so will ich nicht werden, wenn ich
mal groß bin. Dann schlucke ich doch lieber die Pille von der
Pippi Langstrumpf. Da muß ich nie erwachsen werden und darf
immer bei meinen Eltern wohnen.

Der nasse Fleck

»Du, Frau?«
»Ja?«
»Was ist jetzt mit meinem Geheimnis?«
»Ich glaube, jetzt kannst du es mir erzählen.«
»Du darfst mich aber nicht auslachen!«
»Das verspreche ich dir.«

Ich liege im Bett. Auf meinem Allerlieblingslöwenkissen. Der Koalabär schläft auch bei mir. Wir sind schon eingeschlafen, und auf einmal ist mein Bett naß. Am Rand ist auf dem Bettuch ein nasser Fleck. Ich quetsch mich an die Wand, damit ich ihn nicht berühre. Über dem Fleck liegt die Flanelldecke mit Häkelrand, die ich aus meinem Puppenbett geholt habe. Dann schlafe ich wieder ein. Es war aber nicht unser Hund. Der macht nicht in mein Bett. Außerdem bekomme ich Schimpfe, wenn der Hund bei mir schläft. Ich habe da auch nicht hingepinkelt. Soll ich dir ehrlich verraten, wer da hingepinkelt hat? Das war mein Vati. Mein Vati mußte so stöhnen. Dem hat was weh getan. Na ja, und gestreichelt hat er mich. Eigentlich schmuse ich ja gern. Aber dann war's doof. Ich habe mich weggedreht und die Beine fest zusammengedrückt. Aber er hat immer weitergestreichelt. Meine Hand hat er weggeschoben und komisch lieb mit mir geredet. Dann hat er meine Hand auf seinen Bauch gelegt und hin und her bewegt. Ich habe ganz schüchtern weitergestreichelt. Mir hat das nicht gefallen. Mein Vati war auch komisch. Gar nicht richtig wie mein Vati. Sein Bauch war voll Haare, und da ist die Blinddarmnarbe, die ein Loch macht. Dann hat er in mein Bett gepinkelt. Mutti soll das nicht wissen, hat er mir gesagt. Weil sie das nicht versteht. Also, weißt du, ich kapier das auch nicht. Er ist doch schon groß. Am nächsten Tag habe ich weinen müssen.

»Das also ist dein Geheimnis?«
»Das ist schon viel davon.«

Ich würde dem Gör am liebsten den Mund zuhalten. Das glaubt sie sich ja selbst nicht. Mein eigener Vater. Der Pfarrer. Das kann nicht sein, das darf nicht sein, das ist nicht wahr. Zwei lange Jahre hat es gedauert, bis ich mich mit ihm wieder vertrug. Nachdem meine Schwester sich das Leben genommen hatte. Zwei Jahre habe ich ihn so gehaßt. Ich konnte meinen Haß nicht begründen. Er war da. Ich war schuldig, wie es sich für eine Pfarrerstochter ziemt. Dieses blöde Balg mit seiner blühenden Phantasie. Er hatte Schwierigkeiten mit seinen Töchtern. Das hat er später oft gesagt. Deshalb mußte er uns verstoßen, als wir zwölf wurden. Eine nach der anderen. »Wie soll man seinen Töchtern Zuwendung geben, wenn sie Frauen werden?« Was machte es ihm so schwer?

Er mußte als Kind »Beinkleid« sagen. Hose war ein unanständiges Wort. Eines von sehr vielen. Redete er deshalb immer über Sexualität? Hat er mich darum SO GRÜNDLICH aufgeklärt? Erklärt diese Geschichte, warum ich beim Sex starr bin, mich komisch fühle? Warum ich dabei hundemüde werde statt erregt? Nein! Dieses Mädchen lügt. Bestimmt hat sie die Finger hinterm Rücken gekreuzt. Ich will nicht darüber nachdenken. Mein Vater hat mich nicht mißbraucht. Er hat meine Schwester nicht angerührt, die psychotisch wurde. Die unten im Grab liegt. Ich darf so etwas gar nicht denken. Ich war kein sexuell mißbrauchtes Kind. Ich bin keine Betroffene. Er hat sich solche Mühe gegeben. Er war auch nur ein Mensch.

In meinem Regal stapeln sich Fachbücher und Romane über Inzest und sexuellen Mißbrauch. Ich habe mich als Erzieherin auf meiner Arbeitsstelle mit sexuellem Mißbrauch auseinandersetzen müssen. Ich war in Seminaren und Arbeitsgruppen zu dem Thema. Ich habe darüber nachgedacht und diskutiert.

»Ich will kein Thema sein.« Sagt das Mädchen und sieht mich an. »Ich bin doch du. Wir sind doch kein Thema. Wir mögen es doch beide nicht, wenn uns jemand anfaßt.«

Warum muß ich an meinen Vater denken, wenn ich mit jemandem schlafe? Warum habe ich dem einen Mann ins Bett gekotzt? Warum werde ich dann immer steif und starr? Verlasse meinen Körper, als würde ich ihn den Hunden zum Fraß vorwerfen? Ich habe Angst. Muß mich hinterher waschen. Aber der Dreck geht nicht ab. »Vielleicht ist es nur wegen der Sache im Schuppen? Der Mörder ist immer der Küster oder so ähnlich. Es wird die Vergewaltigung sein, die dich so erschreckt hat.«

Das Kind verstummt. Es redet nicht mehr mit mir. Es mißtraut mir jetzt wie allen Erwachsenen. Dann kommt es mich doch besuchen. Anders diesmal. Es zeigt mir keine Bilder. Ich liege und höre Musik. Auf einmal beginnt mein Körper zu schrumpfen. Hände und Arme, Füße und Beine – alles zieht sich zusammen. Wird ganz schwach und hilflos. Ich suche Halt. Klammere meine Hände an das kühle Metall des Heizkörpers hinter mir. Jetzt zuckt dieser Körper. Die Muskeln kleben aneinander, als hätten sie feine Widerhaken. Etwas preßt mich schwer auf mein Bett. Lunge und Bauch sind verkrampft. Ich verstehe nicht, was mit mir geschieht. Da steigt plötzlich ein Schluchzer hoch, erst einer. Dann kommen andere stoßweise nach. Es ist ein Wimmern und ein Wolfsheulen. Ich kenne diese Töne. Ich kenne sie von einer anderen Stimme. Einer Kinderstimme, die von der Schafwolldecke meines früheren Kinderbettes aufsteigt. Zwischendurch mache ich Töne wie die Klagefrauen bei Totenfeiern im Ausland. Ich höre mich Vokale stammeln. Schließe das Fenster zur Straße. Es hört nicht auf. Mein Körper ist besessen. Die Besitzerin ist ein Mädchen, das meinen Namen trägt.

Ich verdiene dieses lauernde Mißtrauen. Langsam beuge ich mich einer Wahrheit, die die schlimmste Wahrheit meines Lebens ist. Mein Vater hat mich mißbraucht. Mein Körper, mein Vertrauen und mein Glauben wurden benutzt. Für die Erregung meines Vaters. Tatsächlich ist das Thema nun kein Thema mehr. Es ist mein eigenes Leben.

Meine Freundin kommt oft zu mir. Sie hört mir zu und macht mir Mut, das alles zu ertragen. Ich bin dankbar und unerträglich hilfsbedürftig.

Ich kann nichts essen. Will nicht vor die Tür. Die Universität mit Traumalehre, Erziehungsberatung, Entwicklungstheorien und feministischer Forschung ist mir keine Hilfe. Sie macht mir angst. Ich gehe nicht dorthin. Ich sage auf meiner Arbeitsstelle ab. Wie eine Tigerin durchstreife ich den engen Käfig meines Zimmers. Verdränge, heule, verdränge.

34

Dann flammt der Zorn in mir auf. Lodert und brennt. Ich hatte meinen Vater in den letzten Jahren doch mehrfach vorsichtig gefragt, ob er, als ich ein Kind war, durch mich sexuell stimuliert war. Er empörte sich. Sexuellen Mißbrauch verurteilte er auf das schärfste. Ich habe ihm vertraut. Er log. Feige. Ich wollte ihm glauben.

Er hat mich mißbraucht, da ging ich noch in den Kindergarten, spielte mit meinen Stofftieren und glaubte an den lieben Gott.

Teil II
Vorschulzeit

Das Album

Wer war dieses Kind mit meinem Namen? Ich blättere im Album.

»Süß ist Deine Stimme und anmutig Deine Gestalt.« (Hohelied II, 14) Das hat mein Vater zur Geburt geschrieben.

Meine Mutter schreibt:
»Wenn etwas gegen ihren Willen geht, z. B. wenn das Gittertürchen angeschraubt wird und sie in ihrem Zimmer spielen muß, kann sie tüchtige Wutanfälle bekommen und schlägt mit dem Kopf gegen Wand, Fußboden, Tür, bis die Stirn grüne und blaue ›Abzeichen‹ bekommt! Dabei kann sie so süß lachen und stillvergnügt spielen und ist ein besonders großer Schmuser.« (Zwei Jahre alt)

»Ihr paßt etwas nicht, macht abends im Bett ›Bäbäbä‹. Ich mach die Tür zu, ›damit ich das nicht hören brauch‹. Sie macht die Tür wieder auf. ›Das sollst du aber hören.‹« (Drei Jahre alt)

Werde ich je wissen, wann der Mißbrauch begann?

Räuber

Abends hilft Mutti mir beim Waschen und bringt mich ins Bett. Einmal bin ich im Dunkeln aufgewacht. Schreck im Bauch. Da war was in meinem Mund. Groß. Stieß ganz tief rein. Ganz doll, immer wieder. Ich hab keine Luft gekriegt, gewürgt und durch die Nase geschnauft. Das roch wie mein Vati. Dann war ich allein und ganz traurig.

Der Räuber ist wieder in meinem Traum. Er kommt fast jede Nacht. Er hat viele Messer. Mein Herz klopft ganz schnell, wenn ich davon aufwache. Es zuckt wie ein kleines Tier da drin. Ich habe Angst. Die Bettdecke kann mich nicht beschützen. Vor dem Fenster, hinter den Rolladenritzen knackt es. Da sind Stimmen. Ein schepperndes Geräusch. Ich halte meinen Teddy fest. Der hat Glöckchen im Bauch. Er ist weich und biegt sich in meinem Arm. Sicher hat er auch große Angst vor dem Räuber.

Im Zimmer ist es zu gefährlich. Der Räuber steht in der Ritze hinterm Schrank. Ich muß hier raus, zu meiner Mutti. »Du bist doch jetzt ein großes Kindergartenkind«, hat sie gesagt. Nein, Mutti, jetzt bin ich kein großes Mädchen. Jetzt habe ich solche Angst.

Meine Füße suchen den Boden unter dem Bett. Tief geht es runter. Dann stehe ich. Ich taste mir den Weg. Weiß, wo hier alles ist. Auch im Dunkeln. Der Räuber kommt noch nicht. Er kann mich aber jeden Moment packen. Ich halte die Luft an. Wenn ich ganz leise schleiche, hört er mich nicht. Dann weiß er gar nicht, daß ich hier bin. Ich mache mich auf den langen Weg durch die dunkle Wohnung.

Der Räuber hinter dem Spielzeugschrank ist unsichtbar. Die Erwachsenen können ihn nicht sehen. Mein Bruder sagt, den gibt es gar nicht. Aber ich höre ihn doch atmen. Er wird mich stehlen. Oder mit seinem Messer stechen. Ich muß hier raus!

Im Flur ist es auch gefährlich. Alle schlafen. Nur das Hamsterrad quietscht. Nachts ist die Wohnung verzaubert. Der Boden eiskalt. Ich friere und stoße im Dunkeln gegen den blöden Wohnzimmersessel. Hab ich mich erschreckt!

Die Tür vom Elternschlafzimmer ist zu. Ich brauche Mut, sie aufzumachen. Höre, wie die beiden ganz langsam atmen. Ich schleiche zu meiner Mutti ans Bett. Sie riecht gut. Sie ist ganz warm. »Ich hab solche Angst«, flüstere ich ihr ins Ohr. Verschlafen läßt sie mich in ihr Bett schlüpfen. Hier kann der Räuber mir nichts tun. Mein Vati ist nämlich ganz stark. Meine Mutti würde das auch nie erlauben. Ich atme langsamer, rutsche ins Schlafland. Gerettet.

»Halt das mal«, sagt der Vater. Er steht mit dem Kind auf der Wiese vorm Pfarrhaus. Gibt ihm die Streichholzschachtel. Das Mädchen hält sie stolz, schnuppert an der Reibfläche. Sie schaut auf die Hände ihres Vaters, auf das kleine Feuer im Gras. Er verbrennt Wasserfarbenbilder, die sie von dem Räuber gemalt hat. Viele lange Messer hängen dem Räuber am Gürtel, und er hält eine schwarze, unförmige Waffe in der Hand. »Jetzt kann der Räuber nicht mehr in deinen Traum kommen«, sagt der Vater. »Jetzt brauchst du keine Angst mehr zu haben.« Jetzt darf es keine Räuber mehr geben.

Pünktlichkeit

Ich bin schon fünf. Aber ich glaube, meine Geschwister werden immer größer sein als ich. Dabei wachse ich und kann schon Fahrrad fahren und pfeifen. Ich lerne auch schwimmen. Unseren Schwimmlehrer mag ich nicht. Der ist so streng. Ich erschrecke oft, wenn er mir etwas sagt. Wir machen immer Trockenübungen. Dann liegt mein Bauch auf den blauen Kacheln. Wie ein Frosch soll ich meine Arme und Beine bewegen. Ich denke immer, ich mache etwas falsch. Dann erschrecke ich und schäme mich. Ich gebe mir viel Mühe, meine Arme und Beine rudern in der Luft. Die Steine drücken mir gegen die Rippen und Hüftknochen. Das tut weh. Ich lerne das schon.
Aber heute sind wir zu spät. Meine Mutti ist im Tiefschwimmer. Die anderen Kinder sind schon im Wasser. Sie haben Schwimmhilfen. Es riecht nach Schwimmbad, das Wasser macht Töne, die sich mit den Stimmen vermischen. Das Schwimmbad ist riesig groß. Ich trau mich nicht, dem Schwimmlehrer zu sagen, daß ich zu spät bin. Ich habe so Angst, daß mein Bauch sich verknotet. Wenn ich heimlich ins Wasser gehe, merkt er nichts. Nur, ich kann doch noch nicht schwimmen. Aber ich will nicht geschimpft werden. Ich setze mich auf den Rand. Rutsche ins Wasser. Tauche unter. Das Wasser brennt in meinen Augen und kommt mir in die Nase. Ich bewege ganz schnell meine Arme und Beine. Ich komme hoch, tauche wieder unter. Ich strample, so gut

ich kann. Ich werde untergehen und tot sein. Nein, ich komme wieder hoch, pumpe Luft in den Bauch. Ich schwimme! Ich versuche, zu den anderen Kindern zu kommen. Da entdeckt mich der Bademeister. Meine Mutti steht am Rand. Sie sind ganz fürchterlich aufgeregt. Der Schwimmlehrer hält mir seine Stange hin, zieht mich damit durchs Wasser. Ich habe ein schlechtes Gewissen. Aber sie sind stolz auf mich. Ich bin das erste Kind in unserer Gruppe, das schon schwimmen kann. Darüber freue ich mich. Sonst bin ich ja immer die Kleinste und kann noch nicht, was meine Schwester und mein Bruder können.

Aufklärung

Ich sitze auf Vatis Schoß. Er hebt mich oft zu sich hoch. Oder er klopft auf seine Beine, und ich klettere auf seinen Schoß.
Der Bruder hat einen Penis. Du hast da unten eine Scheide. Er tippt mir zwischen die Beine. Du mußt nicht denken, daß dir etwas fehlt. Wenn du groß bist, wachsen dir dafür Brüste. Du hast in deinem Bauch, was der Bruder in seinem Penis hat. Aus den winzigen Eiern in deinem Bauch kann später ein Baby wachsen. So wie du in Muttis Bauch gewachsen bist. Bei der Geburt bist du dann aus ihrer Scheide rausgepreßt worden. Das hat der Mutti erst sehr weh getan, aber dann hat sie sich gefreut. Damit du in Muttis Bauch wachsen konntest, haben Mutti und ich miteinander geschlafen. Da sind die winzig kleinen Samen aus meinem Penis in Muttis Scheide reingeschwommen. Alle um die Wette. Der Samen, aus dem du gewachsen bist, der war am allerschnellsten.
Mein Bruder hat dieses Ding da, das dem Vati immer so wichtig ist. Ich habe meine Scheide. Ich werde mal echte Brüste haben, wenn ich groß bin. Wann bin ich denn mal groß? Ich weiß auch nicht, ob ich so Brüste haben will. Na ja, damit das Baby draus trinken kann, schon. Das mit den Eiern ist komisch. Ich kenne solche Vogeleier, so etwas will ich nicht in meinem Bauch haben. Mein Vati gibt sich viel Mühe, mir das zu erklären. Er zeigt mir genau die braunen Hubbel auf meiner Brust. Da wird das Baby

mal draus trinken. Wenn mein Vati mir so was erklärt, da würde ich manchmal gern von seinem Schoß runterrutschen. Aber dann wird er sicher traurig.

Schmusen

Sie sagen alle, ich bin eine ganz große Schmuserin. Ich schmuse auch gern. Mit meinem Patenonkel, mit der Patentante. Mit meiner Mutti, mit meiner Ersatzmutti. Mit den Tieren und meiner Puppe. Am meisten schmuse ich mit meinem Vati. Wenn ich mein Ohr an seinen Bauch halte, dann höre ich seine Stimme doppelt. Innendrin und außenrum. Ich mag es, wenn er meinen Rücken streichelt und wenn er Bilder darauf malt. Die rate ich dann. Manchmal macht mir das auch Gänsehaut. Vor lauter Schönheit. Dann rate ich extra falsch, damit er weitermacht. Wenn es dann so komisch ist, dann werde ich ganz steif. Darf mich nicht bewegen. Mein Vati merkt das nicht. Er will, daß es für mich ganz schön ist. Nicht so komisch und grummlig in meinem Bauch. Alles ist anders. Mein Vati ist anders, ich bin anders, ich rutsche ein bißchen aus mir raus. Ich verstehe das nicht. Ich glaube, ich bin irgendwie falsch.
Bei meiner Mutti ist es nicht so. Wenn sie mich immer auf einer Stelle streichelt, weil sie mit den Großen redet, dann nehme ich ihre Hand und lege sie mir woanders hin. Dann streichelt ihre Hand mich da weiter. Oder ich rutsch von ihrem Schoß weg. Aber da muß ich nie so komisch sein.

Sexualerziehung im Radio

Ich kann meinen Vati jetzt öfter im Radio hören. Da redet er übers Liebhaben. Er hat dann dieselbe Stimme, wie wenn er in der Kirche spricht.
Mein Vati will, daß die Eltern ihren Kindern erzählen, wie Babys gemacht werden. Er sagt, es ist gut, wenn die Kinder sich da unten am Schlitz streicheln und Arzt spielen. Er erzählt auch von

unseren Puppen. Die haben einen Pimmel und eine Muschi. Ich finde, die mit dem Penis ist gar keine richtige Puppe. Nur die mit der Scheide, das ist ein Puppenkind. Er sagt, so können wir lernen, wie das alles heißt. Das weiß ich doch schon längst. Bin doch kein Baby mehr.

Vieles verstehe ich noch nicht. Aber Vati redet im Radio ja auch zu den Eltern und Lehrern und nicht zu uns Kindern. Mir erklärt er aber auch alles ganz genau. Alles, was ich wissen muß. Über das Liebhaben und Küssen erzählt er viel.

Vatis nasse Küsse mag ich nicht. Die schmecken nach Pfeife. Mir klebt dann die Spucke am Mund. Und sein Bart kratzt. Mein Vati küßt mich, weil er mich so lieb hat. Ich habe meine Mutti und meinen Vati auch lieb.

Tonbandaufzeichnung, fünf Jahre alt

Singend:
»Ein Has' und zwei Has', die brüteten zusammen. Der ein Has', der heiratet seine Eltern. Die Eltern, die heiraten (Pause) niemand. Stimmt das, was ich sage? Sie können es ja gar nicht, da lacht man sich zu Tode, zu Mode, Tralalihahaha.

Eine Muh steigt auf die Kuh, die Kuh steigt auf die Muh, die Muh steigt auf die Kuh. Das kann doch gar nicht wahr sein, daß die so schnell hoch- und runtergehen. Das stimmt, was ich sage, weil das nicht sein kann... wird wohl mein Feinstliebster sein.

Ein Schlauch – ein Vater – und ein (lange Pause) Junge.«

Gefahren

Ich weiß, was gefährlich ist. Wenn ich eine Wespe runterschlucke. Oder die Bauarbeiter, die wollen schlimme Sachen mit den Kindern machen. In keinen Kühlschrank krieche ich rein, sonst geht die Tür zu. Dann ersticke ich, wie wenn ich den Kopf in die Plastiktüte stecke. Davon ist schon ein Kind gestorben. Ich fasse auch die Arztspritzen nicht an, die unter den Heckenrosen liegen. Wenn jemand Böses kommt und hat vergiftete Bonbons, dann renne ich schnell zu meiner Mutti. Ich passe auf, daß ich nicht totgefahren werde. Auf das Dach soll ich nicht klettern. Oder in den Mixer fassen. Steckdosen und Flaschen sind gefährlich, denn da kann Gift drin sein.

Ich bin schon groß, und ich kann auf mich aufpassen. Meine Schwester ist auch gefährlich. Sie tritt mich nämlich in den Bauch. Da kann ich keine Babys mehr kriegen. Dann spucke ich zurück!

Mutti und Vati sind nicht gefährlich. Wenn Vati mich verhaut, dann habe ich Angst vor ihm. Er klemmt mich zwischen seine Beine, mein Kopf hängt runter und wird ganz heiß. Ich schäme mich. Ich bin auch wütend, aber er ist so stark. So stark will ich auch mal sein. Er haut mich, wenn ich zu laut bin. Oder böse war. Er ist traurig über mich. Manchmal haut er mich nicht, aber er redet kein Wort mehr mit mir. Das macht mich auch ganz traurig. Wenn mein Vati mich verhaut, das ist nicht gefährlich. Ich kenne ihn ja. Er ist doch mein Vati.

Malen

Im Kindergarten hat mir die Tante gesagt, ich darf nicht immer Schwarz über meine Bilder malen. Weil man die Farben dann nicht mehr sieht. Außerdem ist Schwarz keine Farbe, sagt sie. Jetzt darf ich nur noch bunte Wasserfarbenbilder malen.

Kindergarten

Ich habe eine ganz tolle neue Kindergärtnerin. Sie gibt uns Hammer und Nägel und Holz. Oder Decken zum Höhlebauen. Einmal hat sie uns mit zu sich nach Hause genommen und hat ein Storchennest auf dem Dach gehabt. Störche bringen keine Babys, habe ich den anderen Kindern gesagt. Das sind die Mütter und Väter, die zusammen schmusen, die machen die Kinder.

Viele Väter

Mein Vater ist eigentlich viele Väter.
Zum Beispiel, wenn er in der Kirche steht. Dann hat er den langen schwarzen Altar, nee, Talar an. Er erzählt den Leuten Geschichten über Jesus und die Jünger. Mir wird langweilig. Manchmal darf ich meine Stifte mitnehmen und dabei malen. Die Bank ist hart, und es ist kalt. Alle Erwachsenen machen, was er will. Wenn mein Vati sagt: »Wir erheben uns zum Gebet«, stehen alle auf. Ich falte auch meine Hände. Oder er läßt sie singen. Er sagt: »Wir wollen singen.« Das höre ich gern, obwohl ich viele Lieder noch nicht kann. Die Orgel spielt immer auch in meinem Bauch. Manchmal, da gehen die Erwachsenen zu ihm. Dann füttert er sie und gibt ihnen Wein zu trinken. Ich kriege davon nichts ab. Alle Leute mögen meinen Vater. Sie geben ihm die Hand beim Rausgehen. Danach ist die Kirche leer und groß, dann darf ich die Kerzen auspusten, zu denen mein Vater mich hochhebt. In der Kirche erzählt mein Vater immer von Gott.
Gott ist auch mein Vater. Und er ist der Vater von Christus. Jesus hat auch zwei Väter, der andere Vater heißt Joseph und ist der Mann von Maria.
Mein anderer Vater, der kann Geschichten erzählen. Er spielt mit uns »Mensch ärgere dich nicht«. Von ihm bekomme ich Geld, um am Büdchen zwei Familienpackungen Eis zu kaufen. Aber nur am Sonntag. Er kann Pfeifenreinigermännchen machen und aus Kerzenwachs Hunde kneten. Er läßt Steine über den Fluß hüpfen. Im Urlaub hat er mir ein Binsenkörbchen geflochten, ganz für mich allein. Er bringt mir das Lesen bei, obwohl ich noch kein Schulkind bin. Ich habe von ihm einen echten Stempelkasten mit allen Buchstaben bekommen. Den Vati habe ich sehr lieb.
Noch ein anderer Vater ist er, wenn er böse ist. Dann schreit er uns Kinder an. Oder geht ganz schweigend raus. Dann haben alle Angst vor ihm. Auch wenn er sich mit meiner Mutter streitet. Meinen Bruder verhaut er öfter als mich. Der Vater, der macht mir Knoten im Bauch. Er hat dann eine laute, böse Stimme, und ich habe Angst vor seiner Hand. Dann kann ich ihn gar nicht angucken.

Am falschesten fühle ich mich bei meinem Schmusevater. Er beißt mir oft Löcher in den Bauch und überallhin. »Jetzt beiß ich dir ein Loch in den Bauch«, sagt er. Das ist gruselig und manchmal schön. In meinem Bauch, in Beinen, Po und Rücken sind dann so komische Löcher drin.

Oder er lutscht an meinem Ohrläppchen, knabbert daran, ganz vorsichtig, und fragt, ob ich das schön finde. Ich trau mich nicht zu sagen, daß ich das nicht will. Ich versuche dann, mein Ohr wegzudrehen, aber es ist am Kopf so festgewachsen, so weit kann ich es gar nicht wegdrehen. Dann schnauft er durch die Nase, das kitzelt mich im Ohr – es ist auch laut.

Wenn er nicht mein echter Vati ist, dann mag ich das gar nicht. So ist das beim Schmusen auch. Manchmal schäme ich mich dann. Irgend etwas ist ganz verkehrt mit mir. Ich will nicht immer so komische Gefühle.

Mittagsschlaf

Ich bin aber nicht müde! Die können doch nicht sagen, daß ich müde bin, wenn ich es gar nicht bin. Ich bin wach. Ich soll ins Bett, weil ich so wütend bin und schreie. Ich bin aber so wütend und schreie, weil ich ins Bett soll.

»Jetzt reicht's mir aber!« Mein Vater ist auch ganz wütend. Er packt mich. Ich halte mich am Tischbein fest. Er zieht mich mit dem Tisch durchs Wohnzimmer. Die sind so gemein. Ich bin so verdammt schwach. Ich mache aber die Hand nicht auf. »Du tust ihr doch weh!« sagt meine Mutti. Aber die ist auch so schwach.

Mein Vater zieht mich weiter, macht meine Hand auf. Trägt mich ins Elternschlafzimmer. »Jetzt aber keinen Mucks mehr, mein Fräulein.« Ich liege, ich weine vor Wut und Traurigkeit. Dann schlafe ich aus Versehen doch ein. Als ich wach werde und ins Wohnzimmer komme, gibt mein Vati mir einen Kuß. »Na, siehst du, jetzt hast du doch schön geschlafen.«

Beim Schreiben fällt es mir wieder ein. Das Kind sagt, der Räuber atmet in seinem Zimmer. Da hat auch jemand geatmet. Ich bin aufgewacht, mein Kinderzimmer war dämmrig. Wahrscheinlich waren die Gardinen vorgezogen, und ich machte Mittagsschlaf. Erschreckt öffnete ich meine Augen. Neben mir im Bett war mein Vater. Er sprach mit dieser aufgesetzt falschen Stimme, ich weiß nicht mehr, was. Ich weiß nur, daß irgend etwas nicht stimmte. Mich beunruhigte. Aber ich dachte: Es ist ja nur mein Vati.

Die Erinnerung bleibt verschwommen. Wahrscheinlich so vage, wie ich damals im Halbschlaf meinen Vater wahrnahm.

Die Schlange

Meine große Schwester durfte das Wasserrohr im Bad anmalen. Ich habe nur kurz den Pinsel gekriegt. Da ist jetzt eine lange bunte Schlange mit viel Rot und Grün. Es ist gemein, daß sie das allein machen darf. Aber sie ist ja auch Vatis Lieblingstochter und schon elf Jahre alt.

Hinterher erzählt er oft fremden Leuten von der Schlange. Penissymbol heißt, daß die Schlange wie ein Glied aussieht. Er gibt mit der Schlange an. Jetzt bin ich froh, daß ich nicht so eine Schlange angemalt habe. Lieber nicht, das ist wohl auch was zum Schämen. Auch wenn ich mich nicht schämen soll.

Die Fliegerin

Auf dem kleinen Spielplatz gibt es zwei Flugzeuge an langen Stangen. Die fliegen über die Büsche. Ich ziehe mich zu dem einen Flugzeug hoch. Schiebe mit den Beinen nach. Immer höher. »Fall nur nicht runter!« ruft meine Mutter. Ich paß schon auf. Jetzt sitze ich oben. Zwischen meinen Beinen kitzelt und prickelt es. Schön. Gefährlich. Schön. Der ganze Bauch ist voll Aufregung. Die wirbelt darin herum. Jetzt kann ich fliegen. Ich schau in den Himmel. Mach die Augen zu und wieder auf. Auch mit einem Auge kann ich alles sehen. Auch wenn ich beide Augen schließe, ist es so, als ob kleine Füße in meinem Bauch herumtrappeln. Dann reicht's mir. Ich rutsche runter.

Die Tabakspfeife

Ich habe eine echte Pfeife bekommen. Die hat fünf Mark gekostet. Ich kann durchpusten oder die Luft reinziehen. Das geht bei Vatis Pfeife nicht. Die darf ich auch nicht vollspucken. Ich halte die Pfeife mit drei Fingern wie er. Ich möchte gern alles können, was mein Vater kann.

Er riecht immer nach Pfeife. Seine Taschentücher auch. Da kriege ich nicht genug Luft, um fest zu pusten. Das ist, wie wenn er mich kitzelt. Dann bekomme ich auch keine Luft. Manchmal kitzelt er so doll, daß ich ein bißchen pinkeln und mich schämen muß. Ich bin doch kein Baby mehr.

Verklemmte Mutti

Also, wir sitzen beim Mittagessen. Vorher beten wir immer. Oder wir singen Kanons und Lieder für den lieben Gott. Wir danken ihm für das Essen. Auch wenn der Rosenkohl stinkt. Auch wenn ich später nebenan in der Küche sitzen muß, um den Teller leer zu essen. In andern Ländern haben die Kinder keinen Rosenkohl. Die müssen verhungern, werden dünn und bekommen dicke, runde Bäuche, wo nur Wasser drin ist. Deswegen danken wir dem lieben Gott und Jesus, daß wir Essen haben.

Ich bin die Kleinste. Deshalb sitze ich auf einem Kissen. Ich weiß noch, wie ich immer einen Latz anziehen sollte. Aber jetzt esse ich wie meine zwei großen Geschwister.

Wenn Vati beim Essen darüber redet, übers Streicheln und Liebhaben und so, wird meine Mutti anders. Ich glaube, sie mag das nicht. Manchmal sagt sie das auch. Mein Vati ist dann sehr wütend. Er sagt, sie ist verklemmt. Das hat sie von ihren verklemmten Eltern. Es muß ganz schlimm sein, so verklemmt zu sein. Deshalb mag meine Mutti nicht, wenn er davon redet.

Wir Kinder dürfen das alles wissen. Es ist sehr wichtig, aufgeklärt zu sein. Ich will auf keinen Fall so verklemmt und prüde sein wie meine Mutti. Ich will gern ein »wißbegieriges« Kind sein. Dann hat mein Vati mich am liebsten. Er gibt sich ganz viel

Mühe, mir alles zu erklären. Meine Mutti tut mir leid, daß sie immer so verklemmt sein muß. Weil mein Vati dann nämlich mit ihr schimpft.

Einschlafen

Ich bete:
»Müde bin ich, geh zur Ruh,
schließe meine Äuglein zu.
Vater, laß die Augen dein
über meinem Bettlein sein.«
Wenn ich gebetet habe und Mutti oder Vati mit mir gesungen hat, mache ich meine Augen zu. Manchmal legt sich Mutti oder Vati zu mir ins Bett, damit ich einschlafen kann.
Ich rolle mich zusammen und stecke den Zipfel vom Kopfkissen in meinen Mund. Weil ich nicht Daumen lutschen soll. Dann laufe ich am Fluß entlang, wo wir immer die Enten füttern. Plötzlich ist das Gras überm Wasser, ich laufe und falle durch die Wiese durch. Dann ertrinke ich. Ich habe immer so einen Schrecken in meinem Bauch. Ich kann nicht einschlafen. Das ist fast jeden Abend so. Nachts stehe ich dann immer wegen dem Räuber auf und gehe zu meiner Mutti.

Warum dachte ich, mein Vater sei liebe- und verständnisvoll mit mir umgegangen? Ich hielt mich für ein fröhliches Kind:
»Es war bestimmt hilfreich, den einen Vater in viele Väter zu teilen«, sagt meine Therapeutin. »Das ersparte dir eine große Verwirrung.« Wurde meine Schwester deshalb psychotisch? Hatte sie ihren Spaltpilz ungenügend gezüchtet oder ihn an der falschen Stelle Wurzeln fassen lassen, nämlich auf dem Grenzland zwischen sich und ihrer Umwelt? Ich dachte nicht, ich sei im Paradiesgärtchen aufgewachsen, wie es in dem Bild dargestellt war, das über unserem Küchentisch hing. Mit vielen nackten Engelkindern. Das nicht. Aber die Dimension der Manipulation meiner Gefühle, meiner Gedanken, meines Körpers, des sadistischen Machtmißbrauchs meines Vaters war mir überhaupt nicht

bewußt. Immer wieder verleugne ich die Wahrheit, während ich dieses Buch schreibe. Mein Vater schaut mir dabei über die Schulter. Kritisiert den Stil, er leugnet den nassen Fleck im Bett. Er streitet ab, Situationen planmäßig herbeigeführt zu haben, in denen die Übergriffe stattfanden. Er war doch nur von der Studentenbewegung beeinflußt. Ein Kind seiner Zeit.

Wenn da nicht vorhin dieses Telefongespräch gewesen wäre. Mit der Freundin meiner toten Schwester. Die erinnert sich.

»Er hat dich sehr oft auf dem Schoß gehabt und angefaßt, wie es ein Vater normalerweise nicht bei seiner Tochter macht. Es war eine sexualisierte Atmosphäre bei euch.

Deine Schwester und ich, wir waren sechzehn oder siebzehn Jahre alt. Du also ungefähr eine Zehnjährige. Da hat deine Schwester mir erzählt, daß dein Vater so Spielereien mit dir macht. Du hattest ihr anvertraut, daß er dir den Finger in die Möse gesteckt hat. Wir fanden beide, daß das zu weit geht. Deine Schwester machte sich Sorgen. Aber wir waren selbst noch Jugendliche.«

Erinnerung

Die tote Schwester also ist meine Zeugin. Nicht nur sie teilte mit mir das Geheimnis ihres geplanten Todes. Auch ich habe mich ihr anvertraut. Jetzt, zwei Tage nach diesem Telefonat, drang mir die Erinnerung ins Bewußtsein. Ich kann sie nicht suchen, fördern, provozieren oder verhindern. Die Erinnerungen kommen einfach hoch, als wäre der Korken einer Sektflasche geplatzt. Wie viele verdrängte Erinnerungen muß ich noch durchleben? Manchmal halte ich es nicht mehr aus. Nicht nur ich. Auch meine Freundin ist überfordert. Grenzt sich ab. Für mich ist es eine erneute Verletzung. Bestätigt mein Weltbild: Ich vertraue keinem, ich brauche niemanden.

Ihr geht es schlecht, sie will meine Anteilnahme. Wie es meinem Vater schlechtging. Ich kann nichts mehr hergeben. Das Einfühlen in andere ist mir zur Zeit genauso verhaßt wie jede Form von Körperkontakt. Das macht alles noch schwieriger. Aber es ist der erste Schritt zu meiner Heilung. Den Schmerz und die Verletzung überhaupt zu spüren. Weil ich sie nicht spürte, als mein Vater mir meine Gefühle wegnahm.

Ich liege auf meinem Bett. Ich bin nackt. Es ist hell im Zimmer. Mein Vater sitzt auf meiner Bettkante. Er streicht über meine Seiten, meinen Hals, meine Brust. Reibt zwischen meinen Beinen. Ich hebe den Kopf, starr im Nacken, um zu sehen, was er da mit mir macht. Beunruhigt. »Schhh, bleib schön liegen«, sagt er und drückt meinen Kopf sacht aufs Kissen zurück. Ich bin verspannt, wie in Totenstarre, um nichts fühlen zu müssen. Immer wieder will er wissen, ob es schön ist. In meiner Kehle ist alles zu. Stumm nicke ich irgendwann. »Wenn du mal eine Frau bist, dann wird die Scheide beim Reiben naß.« (Ich glaube, er hat seinen Finger naß gemacht, in den Mund gesteckt.) Dann hat es WEH getan. »Später ist das mal groß genug für einen Penis«, sagt er. Seinen Finger bewegt er jetzt IN MIR DRIN. Ich kann nichts sagen, als er fragt, ob es mir gefällt. Meine Augen sehen zur Decke, ohne etwas zu sehen. Ich habe meinen Körper verlassen.
Ich weiß, daß mir einige Zeit lang das Pinkeln weh tat. Meine Mutter dachte, es sei eine Blasenentzündung, ich hätte mich verkühlt. Keine Ahnung, ob es wegen dem Küster oder meinem Vater war. Ist auch egal. Jedenfalls brannte es.

DU Kindermißbraucher, Heuchler, Märchenonkel, Gottesknecht, Intriganter Familientyrann, Mutterschlechtmacher, Täter, Lügner, Mädchenstreichler, Anzügliche Sau, Fremdgeher, Verwirrer, Armes Schwein, Prahler, Besserwisser, Angeber, Krankmacher, Mann mit vielen Zungen, Zukunftszerstörer, Sadist, Pfaffe, Linksredender Kinderverletzer, Scheinheiliger Teufel, Geiler perverser Bock.
Vati, was hast du mir angetan?

Haß

Das Glas zersplittert auf den Steinfliesen der Terrasse. Unzählige Scherben bedecken den Boden zu unseren Füßen. Meine Mutter fegt sie zusammen. Auf dem Kehrblech in ihrer Hand mischen sich Staub, Blätter und Scherben. Das Glas ist mir nicht versehentlich heruntergefallen. In voller Absicht habe ich es auf dem Boden zertrümmert. Zum ersten Mal in meinem Leben.

Vor mir sitzt mein Vater. Die Beerdigung meiner Schwester ist vier Wochen her. Er sagt, ich quäle ihn. Er sagt, *er sei mein Opfer.*

Ich weiß nicht, warum mein Vater das sagt. Ich spüre nur den unendlichen Haß, der in mir aufsteigt. Ich stoße die Worte heraus, spucke sie meinem Vater ins Gesicht:

DU BIST NICHT MEIN OPFER!

Das ist fast sechs Jahre her. Ich war zweiundzwanzig Jahre alt. Ich wußte nicht, warum ich ihn hasse. Ich spürte nur, daß es so war. Meine Gefühle haben mich nicht betrogen. Sie sind nicht »komisch«. Mit mir stimmt alles. Das weiß ich heute. Damals wußte ich es nicht.

In Liebe und Haß bin ich an ihn gebunden. Meine Therapeutin und ich haben ein Wunder zu vollbringen. Die vielen Väter in meinem Kopf und meinem Herzen sollen einer werden. Ich habe keine Ahnung, wie ich die Ent-Bindung von ihm schaffen soll. Meine Therapeutin soll meine Hebamme sein. Das weiß ich.

Ich halte es nicht aus, ihn so zu hassen.

Noch weniger ertrage ich meine Liebe zu ihm.

Er hat mich an sich gebunden und mißbraucht.

Meinen Körper enteignet und benutzt.

Meine Liebe mit Angst verknotet.

Meine Wahrnehmung manipuliert.

Meine Abhängigkeit eiskalt ausgebeutet.

Mein Vater.

Seinetwegen ist

meine Sexualität zerstört,

meine Wahrnehmungsfähigkeit verzerrt,

mein Gefühlsvermögen kaltgestellt,

mein Vertrauen in andere gebrochen,
mein Leben eine einzige Anstrengung,
das Unkontrollierbare zu kontrollieren.

Er hat mir so weh getan. Ich werde nie die Frau sein, die ich ohne seine Übergriffe sein könnte. Die Verletzung kann heilen. Die Narben bleiben.
Sechs Jahre lang fühlte ich mich am Tod meiner Schwester mitschuldig. Weil ich ihr nicht helfen konnte. Meine Schwester hatte mir ihre Absicht zu sterben anvertraut. Sie beschrieb mir sogar das Gebäude, von dem sie sich fallen ließ. Ich gab mir die Schuld. Ich habe mich innerlich zerfleischt mit Selbstvorwürfen. Was sie hätte retten können, wäre die Wahrheit gewesen. Die hatte ich selbst verdrängt. Die kannte ich nicht.
Der Ton in seiner Stimme, wenn er von ihr sprach.
Die Anzüglichkeiten über ihren Körper.
Die Eifersucht auf ihre Freunde.
Er stand im Flur und brüllte sie an: »Du willst mich umbringen. Wenn du es nicht willst, mußt du es mir erst mal beweisen.«
Ich erinnere mich an die Situation, als ich in ihr Zimmer kam, er saß bei ihr auf dem Bett und schnauzte mich an. Ich war erschrocken, es war in meiner Grundschulzeit. Ich weiß nicht, was er mit ihr gemacht hatte. Aber ich gehe davon aus, daß er sie mißbrauchte. Die verbalen Übergriffe auf sie waren noch krasser als bei mir. Nein, mein Haß hat mich nicht betrogen. Nur konnte ich die Wahrheit nicht sehen. Er hat uns wohl beide mißbraucht. Davon muß ich ausgehen. Meine Schwester hatte KEINE ERINNERUNGEN an ihre Kindheit. Sie schrieb meinem Vater während ihrer Therapie, daß sie als Jugendliche das Gefühl hatte, er wolle mit ihr schlafen. Sie nannte dieses Gefühl »bösartige Hirngespinste«. Empört wies unser Vater das zurück. Er hatte ein leichtes Spiel. Meine Schwester vertraute nicht nur meinem Vater, sondern auch ihrem Psychiater. Der lehrte sie, an Projektionen und Inzestphantasien zu glauben.
Ich hasse meinen Vater. Ich hasse diesen Therapeuten. Nicht ich bin schuldig am Tod meiner Schwester. Wenn jemand sich schuldig machte, dann waren sie es.

Ich liebe meinen Vater. Wer das liest, glaubt vielleicht, ich spinne. Aber es ist so. Das macht es nur schlimmer. Unerträglicher. Zum Verrücktwerden. Ich habe Mitleid mit dem Vater, der seine Tochter verlor. Ich liebe in ihm den Vater meiner Kindheit, wie ich ihn sah. Ein Vater, auf den ich stolz war. Der mich liebte. Mich schützte. Von dem ich so vieles lernte. Ich versuche, ihn zu entschuldigen. Zerbreche mir meinen Kopf über seine Kindheit. Sein Motiv. Seine Verdrängung. Zeitweise bin ich bereit, alles abzustreiten, was er mir antat.

Vielleicht spinne ich ja, aber es ist so. Heute in der Universität habe ich es zweimal gehört. Mißbrauchsopfer sind nicht nur Opfer. Sie führen die Situationen herbei, in denen sie mißbraucht werden. »Blaming the victim« ist der englische Begriff dafür. Das Phänomen ist also international. Wenn die Opfer schon keine Täter sind, dann doch wenigstens Mittäter. Ich weiß nicht, wann mein Vater mich das erste Mal mißbrauchte. In meinem Album finde ich ein Foto, das er von mir machte. Ich liege als Säugling im Kinderwagen. Die Kamera zielt auf die Scheide, nicht den Kopf. Da konnte ich noch keine Situationen aufsuchen, da konnte ich noch nicht mal krabbeln. Zehn Jahre später entstand ein ähnliches Foto am Strand. Ein anderes zeigt ihn und mich nackt, meine Hand liegt in seiner, mit der anderen Hand hält er sich einen flachen Strandstein vor den Penis, er lächelt. Ich schaue beschämt zu Boden.

Ich habe nicht gelernt, meine Grenzen zu ziehen, das ist wahr. Sonst wäre ich mit dem Küster nie in den Schuppen gegangen. Ich bin es. Nicht weil ich wollte, ganz bestimmt habe ich das nicht gewollt. Ich hatte das Recht, Liebe zu suchen, auch das Recht, »verführen« zu lernen, ohne mißbraucht zu werden. Mein Vater hat systematisch mein inneres Land betreten, meinen Körper enteignet, so daß ich nicht nein sagen lernte. Bin ich deshalb selber schuld? Sind die mißbrauchten Kinder und vergewaltigten Frauen schuld an der Gewalt, die sie erleben? Verdammt noch mal: nein. ICH WAR DAS OPFER. ER WAR DER TÄTER. Heute liegt es an mir, mein inneres Land zu schützen. Meinen Körper zu schützen. Die Grenzen anderer zu respektieren. Den Kindern zu helfen, diese zu entwickeln. Heute bin ich verantwortlich. So gut ich kann. Damals nicht. Ich hasse ihn, und mein Haß ist größer als die Liebe. Ich wünsche mir, daß ich ihn eines Tages nicht mehr hassen oder lieben muß. Ich möchte mich befreien.

Teil III
Die ersten Schuljahre

Begegnung mit dem Kind

Seit ich auf das Kind traf, das Kind *war*, sind zwei Wochen vergangen. Der Rohentwurf des Buches liegt fertig getippt vor mir. Ich schreibe wie eine Verrückte, um nicht verrückt zu werden. Um meine Gefühle zu suchen und vor ihnen zu fliehen. Ich habe meiner Mutter mitgeteilt, woran ich mich erinnere. Es ist schwer, sie dort bei meinem Vater zu wissen. Sie ihren Weg finden zu lassen. Jede Begegnung mit ihr führt zu neuen Verletzungen. Wieder fühle ich mich schuldig. Als Pfarrerstochter bin ich auf Schuldsuche konditioniert. Für die Kreuzwege des Lebens wie geschaffen.

Um mich an meine Erfahrungen zu erinnern, mußte ich mein Selbstbild zerstören. Ohne meine Therapeutin hätte ich das nicht gekonnt. Hinter der Fassade der Intellektuellen, der selbstbewußten und einfühlsamen Frau kauert voll Mißtrauen eine angepaßte, kontrollierende und bedürftige Person. Diese Person bin ich auch.

Ich mußte einsehen, daß ich auf dem Sprung bin, jede Situation zu kontrollieren, und daß ich andere Menschen zu manipulieren versuche.

Ich mußte akzeptieren, daß andere Lust an der Sexualität haben. Sonst wären nicht alle dahinter her. Ich gehöre nicht zu diesen Menschen.

Ich mußte verstehen, daß ich bei großer emotionaler Nähe voll Mißtrauen bin. Ich habe Angst.

Ich habe das Fühlen verlernt. Meine Gefühle sind oft abgespalten oder voll Scham, die objektiv nicht nötig ist. Sie sind Falschgeld in meiner Hand, das ich meiner Therapeutin anbiete, ständig darauf gefaßt, daß ich erwischt und widerlegt werde.

Manchmal evakuiere ich meinen Körper wie bei einem Bombenalarm. Dann wird er mir fremd, und ich spüre ihn nicht. Mir wurde bewußt, wie sehr ich meinen Körper zuweilen hasse. Erschreckt, bitter, voll Angst habe ich versucht, sehen zu lernen. Oft hätte ich mir gern meine Augen verbunden. Meinen Mund zugehalten. Meine Ohren verstopft.

Als ich vor einem halben Jahr die Therapie begann, wußte ich nicht, daß ich eine Spaltungskünstlerin bin. Ich habe mich viel und ausgiebig geschämt. Kein Wunder bei dieser Kindheit. Meine Selbsterkenntnisse mußte ich in der Therapie rauswürgen, voll Entsetzen. Ich konnte mir nicht erklären, warum ich solche Macken habe. Bis mir die erste Erinnerung kam. Das war der nasse Igel im alten Schuppen.

Bücher

Ich liege auf meinem Bett und lese. Lustvoll und gierig sauge ich das Buch auf, wie ein Kind seine Flasche trinkt. Da spüre ich ihren Blick. Es ist schon spät. Längst sollte das Mädchen schlafen. Aber ihre Schlafstörungen sind mir nun vertraut.

»Du liest ja noch schneller als ich«, sagt sie. »Wenn du alle die Bücher hier gelesen hast, weißt du sicher 'ne ganze Menge. Ich lese auch immer. Mein erstes Buch habe ich mit sechs Jahren gelesen. Jetzt lese ich auf unserem Kirschbaum, hinterm Sofa, auf der Gartenmauer, unter der Bettdecke mit meiner Taschenlampe. Die Kinderbücher meiner Geschwister kenne ich alle. Jetzt muß ich immer zur Leihbücherei. Da hole ich gleich einen ganzen Stapel. Mein Lieblingsbuch habe ich sechsmal gelesen. Es heißt ›Die Brüder Löwenherz‹. Die Geschichte erzählt ein Junge, der sterben muß. Er ist etwas häßlich und nicht so klug wie sein großer Bruder, der wie ein Märchenprinz aussieht. Die beiden erleben Abenteuer, sie kämpfen gegen einen Tyrannen. Der Kleine, Krümel, lernt, mutig zu sein. Fast so mutig wie sein Bruder. Beim Lesen habe ich mir wieder Nägel abgekaut und geweint. Vor allem am Ende des Buches. Da nimmt der kleine Junge den gelähmten Bruder auf den Rücken, und sie springen in den Abgrund.«

»Willst du manchmal sterben?«

»Ja. Als ich noch nicht zur Schule ging. Ich stand in unserem

Wohnzimmer an der Wand und holte Luft wie vorm Tauchen. Dann hab ich aufgehört zu atmen. War ganz tot. Ich wollte, daß sie alle sehen, wie tot ich bin. Mein Vati ist durchs Zimmer gelaufen. Er hat nicht nach mir geguckt. Da mußte ich weiteratmen.

Na ja, und manchmal bete ich zu Gott. Neulich, als auf dem Feldweg der tote Maulwurf lag, da habe ich gebetet. Da wollte ich tot sein, und der Maulwurf sollte leben.

Für die hungrigen Kinder würde ich auch sterben, wenn sie dafür leben könnten. Meine Mutti sagt, als ich noch eine Erstkläßlerin war, da waren wir im Kuhstall. Die Kühe hatten traurige Gesichter. Sie standen bis zum Knie in der Scheiße und Pisse. Da habe ich ihr gesagt, wenn Gott so etwas erlaubt, will ich lieber tot sein.«

»Redet ihr zu Hause auch so viel über Gott wie über Sexualität?«

»Nee, Quatsch. Wir reden nicht über Religion. Mein Vater sagt, das ist zu privat. Als Pfarrer will er nicht mit uns drüber reden. Meine Mutter sagt, Religion und Aufklärung, da weiß er Bescheid. Darüber redet er ja auch im Radio. Vieles verstehe ich nicht, was mein Vater in der Kirche, im Kindergottesdienst und im Religionsunterricht erzählt. Zum Beispiel, warum Gott sein eigenes Kind einfach am Kreuz hat hängen lassen. Oder warum ich mir kein Bild von ihm machen darf. Manchmal sehe ich ihn mit ganz vielen Köpfen oben im Weltall. Weil er ja alle Tier- und Menschensprachen können muß.

Ich wäre gern einmal wie Jesus oder Tarzan. Du, ich kann manchmal nicht glauben, daß es Gott gibt. Neulich saß ich auf der Gartenmauer. Ich habe Gott gesagt: ›Wenn es dich wirklich gibt, dann mache jetzt bitte einen Blitz oder so etwas.‹ Das ist natürlich eine Sünde.«

»Tust du dir manchmal weh?«

»Manchmal, ja. Dann haue ich mit meiner Faust gegen die Wand. Oder mit meinem Hinterkopf. Das tut weh und gut. Meistens mache ich das, wenn ich nach einem Streit traurig bin. Ich kaue meine Nägel ab, und wenn mein Nagelbett entzündet ist, das passiert mir oft, dann tut es auch weh. Ich hatte sogar schon eine Blutvergiftung deshalb, wäre fast ins Krankenhaus gekommen.

Ich beiße mir meine Warze immer auf, obwohl ich es nicht machen soll, oder kaue auf meiner Backe. Manchmal, da schnippel ich mir unten am Fuß die Haut weg, aber das tut doll weh beim Laufen. Sonst hole ich mir nur blaue Flecken und Kratzer. Auf die bin ich aber stolz, dann sehen meine Beine aus wie Jungenbeine. Ich wäre ja gern ein Junge.«

Die Geschichte

Ich kann schon Schreibmaschine tippen, obwohl ich noch in die erste Klasse gehe. Die Geschichte habe ich mir selbst ausgedacht: »ein Indianer junge Namens schneler Stern hate keine Eltern mehr. eines Tages kamen Weisse Menschen an seiner Hütte vorbei. sie kanten die Indianer Sprache einikermmasen. sie frakten wie er heist. er sakte schneler Stern. sie zogen sich zurük und brieten, ob er in der Hütte so weiter Leben kann, und dan beschlosen sie das er ihr vintling werden kann und sie vuren mit im nach Teudschland. dot kauften sie ihm ein Bett, aber er nahm sich die Woldeke und machte sich ein lager, dann solte er in die Schule. doch der Lehrer gab balt auf wal er die Sprache und so was nicht konte, aber er wünschte sich sehr ein Hund. eines Tages überlekte er, ob es hier schöner war oder dot und wall in der nehe ein Flukblaz war wolte er wek Fliegen. er nahm ales Gelt aus den Haus und ging in der nacht auf den Flukblaz. er wartete und wartete bis angesakt wurde Amerika. er bekam 5 Pfenik zurük. als er entlich in Amerika wahr und balt darauf seine Hütte sah, war nur noch das gehölz da. er nahm wider balmen bletr er fültr das Haus etwas mit dateln und so Lebt er noch lang und verkükt.«

Rollenspiele

Meine Freundin und ich spielen oft, wir wären ausgerissen. Weil unsere Eltern uns immer geschlagen hätten. Dann nehmen wir mein Taschenmesser, Äpfel und Schnüre mit. Das braucht man, wenn man ausreißt, ein Feuerzeug natürlich auch.

Wir gehen in dieselbe Klasse. Unser Gartenbrunnen ist das Haus, in dem die Pharaonin wohnt. Die Buschzweige, die rund um die alte Sandsteinplatte wachsen, umsäumen unseren Palast als Wände. Niemand kann uns hier sehen. Wir haben Wasserfarben im Haus, denn die Pharaonin braucht Ketten und Armbänder. Das kitzelt beim Anmalen. Ich bin am liebsten der Sklave. Sklavin will ich nie sein. Dann trage ich einen Lendenschurz wie Tarzan. Meine Freundin muß mir die Arme und die Füße fesseln. Weil ich weglaufen wollte. Sklaven dürfen nicht wegrennen. Dafür muß ich ausgepeitscht werden. Sie haut nie so fest wie in echt. Nie fest genug. Das spielen wir oft. Manchmal bin ich auch Pharao. Das kann ich besser als meine Freundin. Ich bin dann sehr streng und sehr böse.

Jahre später erinnere ich mich während der Therapie daran. Ich habe das Mädchen noch nicht gefunden. Mir fällt auf, daß der Sklave immer ein kleiner Junge war. Wofür mußte dieser Junge bestraft werden? Ich weiß die Antwort noch nicht.

Eingemauerte Säuglinge

»Du, mir ist etwas eingefallen. Sagst du mir, ob du wegen dem nassen Fleck in deinen Kleidern geschlafen hast?«
Das Mädchen zuckt die Schultern. »Das weißt du doch.«
»Nein, das weiß ich nicht mehr. Ich erinnere mich nur, daß du sagtest, dir ist es zu kalt morgens beim Aufstehen. Aber warum mußten es gleich Unterhosen, Strumpfhosen, Hosen und Pullover sein. Du mußtest doch schwitzen.«
»Stell dich nicht so blöd«, sagt das Kind drohend.
»O.K. Du hast gewonnen. Die Geschichte mit den Säuglingen, die weiß ich noch genau. Er hätte sie dir nicht erzählen dürfen.«
»Ja. Ich habe schlimme Angst bekommen davon. Vati sitzt bei mir am Bettrand. Er sagt, meine Haut atmet wie mein Mund oder meine Nase. Wenn die Haut nicht atmen kann, dann muß ich ersticken. Unter so vielen Kleidern bekommt meine Haut keine Luft. Da kann es mir passieren wie den Säuglingen. Früher haben

die Nonnen nämlich Kinder gekriegt, weil sie heimlich mit Männern aus den Dörfern geschlafen haben. Die Kinder wurden verborgen zur Welt gebracht und als Waisen großgezogen. Oder sie wurden unten im Keller eingemauert. Da bekamen sie keine Luft mehr und sind erstickt. Später hat man sie dann gefunden. Da lagen die Babyknochen in den Mauern vom Kloster.

Außerdem hat ein Kaiser oder König mal ein Fest gemacht. Damals waren kleine Kinder wie Tiere. Sie waren keine Menschen für den König. Da hat er für das Festessen aus Spaß ein Baby in den Teig gesteckt und auf den Tisch bringen lassen. Die Haut vom Baby bekam keine Luft mehr. Es ist erstickt, obwohl sein Kopf oben rausguckte. Da habe ich solche Angst bekommen. Seitdem schlafe ich ohne Schlafanzug. Ich will nicht ersticken.«

»Hat er dir oft solche Geschichten erzählt?«

»Ja. Er weiß viel über früher. Darüber liest und redet er gern. Was mir auch viel angst macht, ist, wenn wir die Burgen besichtigen. Dann erzählt er von den Folterkammern. Wie den Menschen dort die Knochen gebrochen wurden. Warum sie aufs Rad gebunden wurden. Oder wie sie einen Brunnen graben mußten und nie ans Tageslicht kamen, bis ihre Leichen hochgezogen wurden. Den Brunnen hat er mir gezeigt. Den Gefangenen wurde Salz auf die Füße gestreut, sie waren gefesselt, und eine Ziege hat so lange am Salz geleckt, bis sie vor Lachen gestorben sind.

Er hat auch von der Königin Viktoria erzählt. Die war noch viel verklemmter als meine Mutter. Sie hat alle Stuhl- und Klavierbeine mit Stoff verhängen lassen. Weil sie dachte, die Möbelbeine sind unanständig. So was Doofes.

Die Eltern von meinem Vater waren auch ganz prüde. Mein Großvater war streng. Über Sexualität hat er nie mit meinem Vater geredet. Meine Großmutter arbeitete in einem Heim für gefallene Mädchen. Dabei wußte sie nicht mal, wie die Babys gemacht werden. Gar nichts über Sex. Ich habe meine Großmutter neulich beim Spazierengehen gefragt, ob es ihr Spaß gemacht hat, mit Großvater zu schlafen. Da wurde sie ganz verlegen. Mein Vater hat mich an der Hand gehalten, und wir sind hinter Mutti und Großmutter hergelaufen. Da war Vati sauer. ›Das darfst du die Großmutter nie mehr fragen, die ist nicht so aufgeklärt wie du‹, hat er gesagt. Dabei ist sie schon erwachsen und hat vier Kinder zur Welt gebracht. Aber viele Leute sind nicht so aufgeklärt wie ich.«

Der Umzug

Wir sind in ein kleines Dorf umgezogen. Viele Spielsachen mußte ich wegwerfen. In unserem Haus wohnt jetzt ein anderer Pfarrer. Unsere Möbel hat Vati alle neu gestrichen. Ich habe kein eigenes Zimmer mehr.

Meine Mutti ist traurig, weil wir schon wieder umgezogen sind. Wenn Vati nicht da ist, können wir darüber reden, wie traurig wir alle sind. Er will das nicht hören.

Im Dorf sprechen die Leute eine andere Sprache. Oft verstehe ich kein Wort. Auf dem Schulweg habe ich mich verlaufen. Das war ganz schlimm. Jetzt gehe ich morgens mit den anderen Mädchen aus unserer Straße zur Schule. Die reden anders. Haben andere Spielsachen. Ihre Mütter sind jünger und nicht so dick wie meine Mutti. Ich habe noch keine Freunde. Aber die hatte ich ja in der Stadt auch nicht. Weil die anderen Kinder alle in Mietshäusern wohnten.

Ich bin aber nicht allein. Ich habe ja unseren Hund. Der versteht mich. Wenn ich traurig bin, leckt er meine Tränen ab. Er sieht mich dann auch traurig an, aber reden kann er nicht. Er ist ein Hundemann. Manchmal klammert er die Pfoten um mein Bein und juckelt. Das mag ich nicht. Das soll er mit seiner Decke machen, die Mutti eklig findet. Er ist mein bester Freund. Nachts hole ich ihn mir heimlich in mein Bett. Oder ziehe ihm Puppenkleider an. Er beißt nie.

Bis ins Schlafzimmer von meinen Eltern ist der Weg jetzt noch gefährlicher. Ich muß durchs ganze Treppenhaus im Dunkeln. Jede Nacht. Immer wache ich auf und habe Angst. Dabei werde ich bald sieben Jahre alt.

Ein Kaninchen habe ich bekommen. Meine große Schwester hat gesagt, sie zieht nur um, wenn sie ein Kaninchen haben darf. Das habe ich natürlich auch gesagt. Jetzt haben wir zwei Stallkaninchen. Mein Kaninchen ist eine Frau. Sie hört nicht auf zu wachsen. Der Küster hat ihr einen Stall gebaut. Er und seine Frau haben erlaubt, daß ich Oma und Opa zu ihnen sage. Mein Kaninchen versteht mich auch, genau wie unser Hund. Sie hört auf ihren Namen. Wenn sie im Garten läuft und ich sie rufe, kommt sie angehoppelt. Ich bringe ihr Salat und Kartoffelschalen. Streicheln tu ich sie gern. Deswegen bin ich nicht allein.

In der Schule schreiben sie Schreibschrift. Das kann ich nicht. Sie kennen auch keine logischen Blöcke. Meine frühere Lehrerin hatte ich lieber. In mein Zeugnis hat sie geschrieben: »Ihr Kind ist eine freundliche und hilfsbereite Schülerin.« Hier darf ich nicht helfen. Als wir rechnen sollten, hat es ein Junge nicht gekonnt. Ich habe ihm mein Heft gezeigt und erklärt, wie es geht. Da hat mir der Lehrer mein Heft weggenommen und eine rote Sechs drunter geschrieben. Daneben steht: »Ihr Kind konnte mal wieder den Mund nicht halten.« In roter Tinte, das sollte meine Mutter unterschreiben. Sie hat mir aber geglaubt.

Ich kenne die anderen Kinder noch nicht gut. Für alle Leute bin ich »dem Pfarrer seine Jüngste«. Das ist etwas Besonderes. Darauf bin ich stolz. Die Leute legen uns Gemüse und Kuchen vor die Tür, weil mein Vater Pfarrer ist.

Meine Mutter arbeitet jetzt halbtags als Säuglingsschwester. Ich habe ihr gesagt, sie soll das nicht. In den Ferien oder wenn ich krank bin, ist sie vormittags nicht zu Hause. Aber Mutti will gern arbeiten, wir gehen ja jetzt auch alle zur Schule. Wenn sie heimkommt, hört sie mir oft nicht richtig zu. Wegen den doofen anderen Kindern, an die sie denkt. Ich muß meine Mutti mit meinen zwei großen Geschwistern, meinem Vater und diesen Kindern teilen.

Meinen Vati habe ich für mich. Der ist fast immer zu Hause. Im Arbeitszimmer. Deswegen muß ich still sein und darf ihn nicht stören. Aber manchmal schon. Dann legt er sein Buch hin und nimmt mich auf den Schoß. Er erzählt mir Geschichten und fragt mich, wie es in der Schule war. Oder wir machen zusammen Mittagsschlaf. Von allen Menschen hat mein Vater die meiste Zeit für mich. Obwohl er als Pfarrer und Religionslehrer immer viel zu tun hat. Ich darf ihn begleiten, wenn er alte Leute im Dorf besucht oder frische Blumen in die Kirche stellt.

Böser Zauber

Es scheint, als ob es einen bösen Zauber gibt. Der macht den Küsteropa drei Jahre später zum bösen Mann. Zum nassen Igel. Der macht, daß das Kind Angst um sein Kaninchen haben muß, ein Vorhängeschloß besorgt für den Stall. Das verschließt zwar den Käfig, aber nicht die Angst.

Der Zauber macht, daß der Vater sich verwandelt. Ganz plötzlich wird er ein anderer Vater. Um den das Mädchen lieber einen großen Bogen schlägt. Der Zauber ist daran schuld, daß mit dem Kind etwas nicht stimmt. Es immer öfter falsche Gefühle haben muß. Wegen dem Zauber hat das Mädchen Ausschlag an den Händen, und Dreck am Bauch und zwischen den Beinen.

Der Zauber hat dem Mädchen ihr Vertrauen weggehext. Sie tut ihrem Körper weh. Rutscht immer öfter aus ihm heraus. Die Sonne scheint dann schwarz. Die Mutter ist doof und prüde, nicht mehr als eine Haushälterin ist sie dem Kind. Es ist ein sehr böser Zauber.

Der kleine Junge

Gott hat einen großen Fehler gemacht. Er hat mich nicht als Jungen zur Welt kommen lassen. Könnte ich tauschen, würde ich auf der Stelle ein Junge werden. Mädchen sind doof. Sie passen auf ihre Kleider auf. Viele können nicht mit Pfeil und Bogen schießen, nicht schnitzen, nicht toben. Mädchen müssen mal Frauen werden. Das will ich auf gar keinen Fall. Alle tollen Berufe und alle Abenteuer sind nur für Männer da. Ich ziehe Jungenkleider an. Ich pfeife und spucke wie ein Junge. Ich will, daß meine Haare immer kurz sind. Das schlimmste sind Kleider und weiße Strümpfe. Ich kann meinen Fahrradlenker mit den Füßen steuern, ich habe ein echtes Fahrtenmesser, springe vom Fünfmeter- oder Zehnmeterturm im Freibad runter. Ich komme auf jeden Baum hoch und kann Feuer mit Feuersteinen anzünden. Ich wäre gern wie die Jungen in den Büchern, die ich immer lese. Mädchenbücher sind doof. Puppen sind blöde. Handarbeit macht mich ganz ungeduldig. Eigentlich bin ich kein Mädchen. Ich bin ein Junge.

Im Sommerurlaub haben es mir die Nachbarn auch geglaubt. Mit dem Nachbarjungen habe ich drei Wochen lang gespielt. Er hat nichts gemerkt. Ich sehe aus wie ein Junge, und mein Rufname ist ein Jungenname. Am Ende der Ferien habe ich es meinem Freund verraten. Da kam sein Vater zu mir und hat sich entschuldigt. Weil wir im Schwimmbad miteinander getobt haben. Ich fand das schön im Schwimmbad.

Lügen

Der Lehrer-Vater steht vor der Schulklasse. Er unterrichtet als Dorfpfarrer die erste bis vierte Grundschulklasse in Religion. Er erzählt Geschichten aus dem Alten und Neuen Testament. Die Kinder hören ihm gern zu, denn er macht die Geschichten spannend. Moses bohrt sich in der Nase. David schmust mit den Schafen und übt geduldig mit seiner Steinschleuder, bis Goliath kommt.

Heute geht es um das Lügen. Gott will nicht, daß die Menschen lügen. Er wünscht sich, daß sie ehrlich sind. Das hat er zu Moses gesagt, als er ihm die Zehn Gebote diktierte. Der Lehrer-Vater fragt die Klasse, ob ihre Eltern manchmal lügen. In der Klasse entwickelt sich ein Gespräch, ob auch Notlügen eine Sünde sind. Das Mädchen bleibt stumm. Wenn der Vater mittags schläft, dann lügt sie am Telefon. Damit die Leute nicht denken, ein Pfarrer schläft den ganzen Tag. Der Ruf eines Pfarrers ist sehr wichtig. Was sollen denn die Leute denken? Oft wird das Kind auf der Dorfstraße gefragt, was denn »der Papa dazu sagt«, da wird sie verlegen und läuft schnell weg. Sonst gibt es nämlich Gerüchte über den Herrn Pfarrer und seine Familie im Dorf.

Inzest

Im Reliunterricht hat mein Vati heute von den Pharaonen erzählt. Wie die Sklaven Steine für die riesigen Pyramiden schleppen und bis spät in die Nacht arbeiten mußten. Die Pharaonen waren Könige. Weil sie dachten, sie sind besser als die anderen Leute, haben sie nur andere Pharaonen geheiratet. Da hat der Pharao seine Tochter geheiratet und die Pharaonin ihren Sohn. Nicht immer, aber oft. Auch Bruder und Schwester haben geheiratet und miteinander geschlafen. Irgendwann waren die Kinder der Pharaonenfamilien dann behindert. Weil immer nur die Leute aus derselben Familie miteinander geschlafen haben. »Das ist natürlich auch sehr reizvoll«, sagt mein Vater. »Wenn ihr euch vorstellt, mit euren eigenen Eltern zu schlafen und Kinder zu bekommen.« Ich habe mich so geschämt, hatte das Gefühl, alle anderen Kinder aus meiner Klasse schauen auf mich.

Essen

Das Mittagessen droht. Sie ist jetzt in der vierten Klasse. Die Schritte auf dem Heimweg werden immer kürzer. Schon im Treppenhaus stinkt es nach Essen. Sie hat Hunger, aber den kann sie bezwingen. Sie kann alles, was sie wirklich will. Das Mädchen schleicht in die Küche. Schaut in die Töpfe. »Was machst du denn schon wieder für ein Gesicht!« Sie macht kein Gesicht. Ihr ist schlecht. Außerdem hat sie Würmer. Die jucken im Po. Ein weißes Knäuel sind diese Würmer in ihrem Bauch. Jeden Tag werden es mehr. Die werden sie von innen aufessen. Sie mag wirklich keine Kartoffeln, Salat und Gemüse. Das stinkt.
Vor dem Mittagessen betet jetzt niemand mehr. Die älteren Geschwister haben das abgeschafft. Alle geben sich nur die Hand und sagen »Guten Appetit«. »-tit«, murmelt das Mädchen. Sie stochert im Essen. Viel zuviel. Das schafft sie nie. Das ist Quälerei. Sie hört den Vater kauen. Er atmet durch die Nase und kaut. Das erträgt sie nicht. Ekelhaft. Sie ist ekelhaft. Sie spinnt. Früher hat es ihr doch auch geschmeckt. Das ist lange her. Der Vater sitzt

zwei Stühle weiter. Das ist immer noch zu nah. Sein Körper macht ihr Unbehagen. Wie er atmet. Wie er redet. Sie darf erst aufstehen, wenn alle fertig sind. Soll den Teller leer essen. Nicht mit dem Stuhl kippeln.

Der Vater fragt die Mädchen, wie es in der Schule war. Sonst redet nämlich nur der große Bruder. Er streitet mit seinem Vater über hunderttausend Dinge. Beide sind sie dann laut und wütend. Das Mädchen fragt nach den Fremdwörtern. Dann wird Vaters Stimme leiser, und er erklärt ihr das Wort.

Sie hat einen ekelhaft vollen Bauch. Eine ganze Kartoffel und das Herz vom Salat. Sie hat auch schon zu kotzen versucht wie die Römer. Aber es klappt nicht, sie würgt nur über dem Gästeklo. Wo sie die ekelhaften Würmer an der Wand zerquetscht. Das knackt bei jedem Wurm. Die werden sie auffressen. Dann ist sie tot. Nur weil sie sich so schämt, es der Mutter zu sagen. Bäh. Vor dem Einschlafen ist es am schlimmsten. Dann spürt sie, wie diese Würmer in ihr herumkriechen. Das macht das Mädchen verrückt bis zur Verzweiflung. Unzählige von den Viechern hat sie umgebracht. Aber es werden immer mehr. Dann weint sie.

An den dreckigen Tellern klebt Spucke. Sie sind ekelhaft. Sie würde ja das Geschirr abräumen. Sie weiß ja, daß »wir hier nicht im Hotel sind«. Das sagt der Vater, der als Hausmann geräuschvoll die Spülmaschine füllt und die Töpfe auswäscht. Sie hält die Teller weit von sich weg. Mit spitzen Fingern. Essen ist doof. Noch blöder als Hausaufgaben. Während sie über ihren Heften sitzt, schläft der Vater. Dann nimmt das Mädchen Geld aus seiner Brieftasche. Er weiß ja doch nicht, wieviel darin ist. Dann kann sie Lakritz kaufen gehen oder Wassereis.

Achtzehn Jahre ist das her. Seit ich mich erinnere, ekelt mich das Essen wieder an. Auch wenn mein Vater nicht mehr an meinem Tisch ißt. Nie mehr. Die Nahrung wird zur substanzlosen Masse, die ich zwischen den Zähnen zermalmen und schlucken muß. Mein Kreislauf streikt. Kaffee und Zigaretten helfen scheinbar weiter. Aber sie zerstören mich heute wie damals die kleinen weißen Spulwürmer. Noch vor einem Jahr wog ich siebzehn Kilo mehr. Das Fett war mit Fastenkuren nicht besiegbar. Im letzten Jahr, während ich einen Konflikt um sexuellen Mißbrauch auf meiner Arbeitsstelle austrug und die Therapie begann, verschwand es von selbst.

Kinderkur

Meine Eltern haben mich sechs Wochen in Kur geschickt. Bevor ich ins Gymnasium komme, soll ich an Gewicht zunehmen. Ich bin im Schwarzwald, in einem Kurheim. Ich habe solches Heimweh.

Ich bekomme den Brief von meinen Eltern nicht, weil ich zur Mittagsschlafenszeit mit meiner Freundin geredet habe. Wenn ich mein Essen nicht aufessen kann, schimpfen sie. Dann gibt es keinen Nachtisch, oder ich muß vor dem Teller sitzen bleiben, bis er leer ist.

Ich habe meinen Eltern geschrieben, wie blöd es hier ist. Die Erzieherinnen lesen aber unsere Briefe, ich durfte meinen nicht wegschicken.

Ich weiß nicht mehr, wie meine Eltern aussehen, wenn ich vorm Einschlafen die Augen zumache. Ich bin so traurig. Der Fünfjährige von nebenan pinkelt jede Nacht ins Bett. Er muß sein Bettlaken selbst im Waschraum auswaschen. Ich darf ihm nicht mal helfen.

Ein Junge hat Besuch. Seine Eltern sind gekommen, und ich bin sehr traurig. Sie haben Kuchen für alle Kinder mitgebracht. Der Kuchen stinkt. Das Stück auf meinem Teller ist ganz grün. Es ist schimmlig. Schmeckt nach Kotze. Ich kann das nicht essen.

Die Erzieherin steht hinter mir. »Du ißt den Kuchen auf! Wenn du schon kein Fleisch essen willst, dann wirst du die anderen Speisen gefälligst aufessen!«

Der Kuchen ist aber alt und verschimmelt und stinkt. Die Erwachsenen glauben mir nicht, sie schimpfen, und die Kinder an meinem Tisch sehen mich alle an. Ich habe Tränen in den Augen. Beiße vom verschimmelten grünen Kuchen ab. Der giftig ist. Wegen dem ich sterben muß. Ich esse ihn ganz auf. Dann renne ich zum Klo und würge. Der Kuchen kommt nicht raus. Ich will nicht so weit weg von zu Hause sterben. Ich gehe zurück zu dem langen weißen Tisch. Mein Bauch ist komisch, ich bin vergiftet. Keiner weiß, daß ich in einer Stunde tot sein werde.

Die Erzieherin sagt, ich soll meine Kleider ausziehen. Die wollen mich schon wieder wiegen. Nur meinen Schlüpfer darf ich anlassen. Mir ist kalt, und ich schäme mich. Ein Kilo weniger. Ich finde das gut. »So geht das nicht weiter. Du wirst in Zukunft deinen Teller leer essen, verstanden? So schicken wir dich nicht zu deinen Eltern zurück.«

Da wird mein Bauch ganz voll Wut. Rot und heiß, als säße ein Feuerdrache drin. Ich sage: »So fett wie du bist, will ich NIE werden!« Die Erzieherin ist ganz wütend. Ich aber auch. Meine Freundin sagt, so darf man nicht mit Erwachsenen reden. Blöde Kuh. Die sind mir doch alle egal.

Heimlich bin ich aus dem Fenster geklettert und ins Dorf gelaufen. Habe meine Mutti angerufen und gesagt, ich will nach Hause kommen. Sie hat gesagt, das geht nicht.

»Wenn wir gewußt hätten, wie schlimm es für dich ist, dann wären wir gekommen«, sagt Mutti am Ende der Kur. Ich hatte mich so auf meine Eltern gefreut. Aber irgendwie ist es nicht so, wie ich dachte.

Der Speicher

Im Speicher riecht es nach Staub und Holz. Barfuß kann man sich leicht Splitter holen. In dem großen Schrank sind alte Bücher. Viele in Tierhaut eingebunden. Das Kind versteht nicht, warum die Menschen Tiere töten und ihre Leichen essen. Warum Gott das erlaubt.

Hier oben ist sie allein. Liest, malt und hat auch schon in der früheren Dienstbotenkammer übernachtet. Aber da bekam das Mädchen große Angst. Wenn es regnet, trommeln die Tropfen aufs Dach und das schräge Fenster. Das klingt sehr gemütlich. Sie kann aus der Dachluke schauen und aufpassen, daß sie nicht hinunterfällt.

Wenn sie allein ist, hat sie ein besonderes Gefühl. Dann ist alles

ganz freundlich und ruhig. Sie braucht nicht zu reden und nach-
zudenken. Wenn ein Einbrecher kommt, weiß sie hier oben zwei
gute Verstecke. Überall hat das Mädchen solche Schlupfwinkel,
Nischen und geheime Verstecke. Im Keller, in der Nachbar-
scheune, im Garten und hinter der Kirche. Mit dem Schlüssel des
Vaters kann sie sogar in den Kirchturm, aber das Glockenläuten
ist sehr laut dort oben. Sie ist gern allein.

Der leere Kaninchenkäfig

Die Tür vom Stall ist offen. Stroh, Heu, Futterschale und Was-
sernapf stehen noch drin. Das Kaninchen ist weg. Sie läßt ihren
Ranzen liegen und sucht. Im Hasenpferch ist ihr Kaninchen
nicht. Ihr Herz klopft wie wild. Auch im Gebüsch am Brunnen
ist es nicht. Es steckt nicht in der Höhle, vor der sie bäuchlings
mit einem Stock in der Hand liegt. Das Kind ruft, denn ihr Kaninchen hört wie ein Hund auf sie. Es kommt nicht angehoppelt.
Der Stall ist auch beim dritten Nachsehen leer. Der Schuppen
auch. Sie rennt ins Pfarrhaus. Fragt die Eltern und Geschwister.
Keiner weiß, wo ihr Kaninchen ist. Sie holt den Hund in den
Garten, er soll suchen helfen. Der versteht nichts, wedelt nur aufgeregt mit dem Schwanz.
Mit offenen Augen liegt das Mädchen im Bett. Sie sieht den Küster am Stall. Er hat ein Messer. Einen Sack, in den er ihr Kaninchen gesteckt hat. Er muß es gewesen sein.
Am nächsten Morgen schleicht sie um das Haus des Küsters. Das
Eingangstor quietscht. Sie hat solche Angst. Im Haushof ist
nichts zu sehen. Keine Spur von ihrem Kaninchen. Da steht der
Küster vor ihr. Freundlich fragt er, was sie denn hier will. Ihr
Herz klopft so laut, daß er es hören muß. In ihrem Bauch wächst
ein rotes Tier. Das brüllt aus ihrem Mund. Verwandelt sich in
eine kleine, wacklige, mutige Mädchenstimme: »Was hast du mit
meinem Kaninchen gemacht? Ich will es wiederhaben.« Er
grinst. »Was soll ich gemacht haben? Gar nichts hab ich mit dem
Karnickel gemacht.« – »Du bist gemein!« ruft das Mädchen und
rennt zum Tor.

Sie sitzt weinend auf den heißen Mülltonnen. Dann geht sie zur Mutter. »Der Küster hat mein Kaninchen weggenommen. Er will es totmachen. Tu doch was, Mutti«, sagt sie, und die Tränen strömen über ihr Gesicht. Die Mutter hält ihr Kind besorgt in den Armen. Tröstend. »Das solltest du nicht denken. Das Kaninchen ist fortgelaufen. Es wird schon zurückkommen. Der Küster hat es sicher nicht. Du bist nur böse auf ihn, wegen der Sache an der Kirche. Aber deswegen darfst du so etwas nicht über ihn sagen.« Das Kaninchen war wirklich fortgelaufen. Der Küster hatte seine Drohung nicht wahr gemacht.

Ich bekam mein Kaninchen wieder. Ich hielt es weinend fest in den Armen. Der Bauer, der es mir zurückgab, hätte es beinahe geschlachtet.

Dreckwäsche

Die Mutter fand im hinteren Teil des Schuppens Kleider. Zusammengeknäult und zerknautscht lagen dort Socken, eine Unterhose, ein Ringelpulli. Sie kannte die Kleider, sie gehörten ihrer Jüngsten.

Das Mädchen ist sowieso schlampig. Ihre Sachen sind über das ganze Haus verteilt. Im Kinderzimmer liegen die Spielsachen und das Schulzeug unterm Bett, auf dem Boden und dem Tisch verstreut. Aber das geht endgültig zu weit. Die Kleider vermodern doch, wenn sie im alten, feuchten Schuppen liegen. Ein Zufall, daß sie die Kleider überhaupt fand. Die Mutter schimpft. Dreckige Kleider gehören in die Wäsche. Sie haben im alten Schuppen nichts verloren. Das Mädchen schweigt und schämt sich.

Gäste

Mutti und Vati haben Besuch bekommen. Es ist ein Ehepaar, das aus der Stadt kommt, in der wir früher wohnten. Die mag ich gerne. Unser Hund mag die auch. Er wedelt und nimmt das Herz von seinem Halsband ins Maul, dann sieht er ganz süß aus. Er freut sich immer so, daß er pinkeln muß, wenn die Besucher ihn streicheln. Da muß Mutti den Putzlappen holen, und Vati schimpft ihn streng aus.

Später sitzen wir auf dem Sofa im Wohnzimmer. Die Erwachsenen reden immer alle gleichzeitig. Ich sitze bei meinem Vati auf dem Schoß. Irgendwann fange ich an, mit ihm Hund zu spielen. Ich beiße ihn in die Hand, knabbere dran und belle – das kann ich gut, die Hunde im Dorf antworten mir immer –, dann lecke ich seine Hände und sein Gesicht ab. Erst hat es meinem Vati Spaß gemacht, mein Hundebesitzer zu sein. Er streicht mir über meinen Kopf, krault mich, redet wie ein echter Hundehalter. Aber als ich ihm sein Gesicht ablecke, wird er stinkesauer, macht ein Riesendonnerwetter. Er schämt sich vor unserem Besuch. Ich schäme mich jetzt auch, bin doch schon zehn Jahre alt.

Der Indianerjunge und das Mädchen

In dem mageren, gebräunten Körper des Mädchens wohnt seit einiger Zeit auch ein Indianerjunge. Er ist mutig und klug. Er hilft dem Mädchen überleben.

Echte Indianer kennen die Sterne, belauschen das Wild, lesen aus Zweigen und Erde Geschichten heraus. Ein Indianerjunge im evangelischen Pfarrhaus eines kleinen deutschen Dorfes muß andere Zeichen deuten. Er schleicht nicht durch die Steppe, er stützt sich mit den Händen auf den Treppenstufen ab, die bei zu großer Belastung gefährlich quietschen. Er kann den Schlüssel der Zimmertür geräuschlos drehen, dämpft mit der linken Hand und einem leichten Druck seines Knies das metallene Klicken, denn in diesem Haus gibt es keine verschlossenen Türen. Der Familienoberhäuptling hat dies beim gemeinsamen Essen zur Kenntnis gegeben.

Dennoch hat der Vater sich und das Mädchen einmal selbst hinter dieser Tür eingeschlossen. Da hielt seine Hand den Schlüssel und kurz darauf das DING mit den blauen Adern, die das Kind von seinem Handrücken kannte. Es hat das Ding gehorsam angefaßt und gestreichelt, die weichen Säcke dahinter auch berührt. Die Kinderhand erhielt zum Dank den Judasvaterpfarrerkuß in die Innenfläche gedrückt. »Du bist so lieb zu mir«, jammerte freundlich der Wolf mit Kreidestimme. Nicht nur Mehl stäubt Pfoten weiß, auch Lepra macht weiße Flecken auf Kinderhänden. Das Mädchen hat oft und lang Blasen und Schwielen auf seinen Händen untersucht. Sie glaubt fest, daß die Hand verfault. Sie ahnt ihr Schicksal. Verstoßen, mit klappernder Lepraschelle die Menschen warnend, ein aussätziges, ansteckendes Geschöpf, verdammt, auf Jesus zu warten, der doch schon lang gekreuzigt ist.

Der Indianerjunge hat keinen Aussatz an der Hand. Er kennt keinen Schmerz und keine Angst, er weiß sich zu schützen. Mit Streifzügen durchs Dorf meidet er die Nähe des weißen Mannes. Betritt er das heimisch-feindliche Lager, erkundet er, wo Mutter und Vater, wo Bruder und Schwester sich aufhalten. Er kann ihre Schritte unterscheiden; auch das Geräusch, mit dem der weiße Mann seinen Schlüsselbund aus der Tasche zieht und die Haustür aufschließt, trennt der Indianerjunge spitzohrig von den Lauten, die andere Familienmitglieder dabei erzeugen. Ein Blick durch den Spalt an der Tür des Arbeitszimmers oder – gewagter – durch das Schlüsselloch verschafft Orientierung im Feindesland. Die Fluchtwege sind oft trainiert. Aus dem Fenster, vorsichtig das Sims entlang, die linke Hand greift den Fensterladen, die rechte zur Mauer neben dem Haus, und schon kann sich der Indianerjunge daran herablassen, die Schrammen an Knie und Brustkorb bezeugen die geglückte Flucht. Im Kinderzimmer bieten Bett und Decke, Schränke und Gardinen Deckung vor Raubtieren und dem weißen Mann.

Wenn nur dieses dämliche Mädchen nicht immer wieder auf die Kreidestimme, die Weißmehlpfote und ihren eigenen Vater hereinfiele. Da schützen keine Verstecke, kein Bett voller Kuscheltiere und keine Kleider. Sie *liebt* ihren Vati, kriecht auf seinen Schoß, hat das Mißtrauen noch immer nicht gelernt, die Kriegslist nicht durchschaut. Sie *betet ihn an*, diesen starken, gütigen, liebevollen Vater. Sie sonnt sich in seinem Ruhm, der ihr in der Kirche, in der Schule und wenn sie ihn im Radio hört in den Kopf gestiegen ist. Schwarze Sonne brennt Lepra auf die Haut. Das dumme Gör. Malt ihm Bilder, gibt ihm die Hand, küßt ihm den Mund, freut sich über ihren Vati. Sie ist seine liebste Tochter, besonders, auserwählt und gesegnet. Ihr steht die Welt offen, sie wird allen zeigen, daß sie nicht nur *anders*, sondern *besser* als alle andern ist. Verächtlich zuckt der Indianerjunge die Schultern über soviel gesammelte Blödheit. Da hat sie doch selbst schuld, die blöde Ziege, wenn der Vater am Bett steht, fragt: »Schläfst du schon?«, sagt: »Rück mal, mir ist so kalt«, und sie läßt ihn rein, statt aus dem Fenster zu klettern, das Sims entlangzubalancieren und in die Nacht zu fliehen. Immerhin stehen Ponys auf der Weide. Da ist sie doch selbst schuld, wenn sie die Luft anhält und aus ihrem Körper flieht, statt davonzulaufen vor dem Wolf in ihrem Bett.

Die große Schwester

Die Schwester wird immer unverständlicher. Sie will nicht mehr mit dem Mädchen spielen. Lange Haare hängen vor ihrem Gesicht, und sie trägt eine Hornbrille. Dabei wollte auch sie immer ein Junge sein. Dünn ist sie, genau wie das Mädchen. Der Vater schimpft über ihre Haschfreunde. »Das sind keine Haschfreunde«, sagt die Schwester. Das Kind glaubt ihr kein Wort. Der Vater ärgert sich über den Freund der Schwester. Der ist doch kein Umgang für sie. Ein Sohn »einfacher Leute«. In dem grünen Armeeschlafsack klebt bestimmt sein Sperma. Sie wird noch schwanger werden. Wie kann die Schwester nur in so einem ekelhaften Schlafsack übernachten wollen! Die Oberstufenschule verdirbt die Schwester. Ein Unglück, daß sie das Stipendium in Amerika ablehnte. Nun wird sie ganz depressiv, nur weil sie nicht auf dem Mädchengymnasium bleiben wollte.
Der Vater sagt seit Jahren: »Dich haben wir aus der Mülltonne gezogen.« Wie kann die Schwester nur so schlimme Dinge machen. Wenn die Mutter verreist ist, Pfannkuchen backen, die wie Schuhsohlen aussehen. Dann fängt sie auch noch an zu heulen, wenn der Vater es ihr ehrlich sagt. Oder sie schlägt sich mit ihren Fäusten fest auf die Beine und den Kopf, wenn sie wütend auf

den Vater ist. Das darf sie aber nicht, sie tut sich doch weh. Sie war doch seine Lieblingstochter. Jetzt ist die Jüngste seine liebste Tochter. Das sagt er nicht, aber das weiß sie.

Wenn die Schwester Freundinnen mitbringt, freut sich das Mädchen. Der Vater freut sich auch. Er wird dann ganz gesprächig, erzählt von seiner ersten großen Liebe. Die Freundinnen werden verlegen. Die Mutter ganz still. Einmal steht die Schwester vom Essen auf, rennt heulend und wütend aus dem Zimmer. Die Freundin geht ihr nach. Das versteht das Mädchen. Der Vater war doof!

In dieser Zeit muß es gewesen sein, daß das Mädchen der Schwester erzählte, wie der Vater ihr den Finger zwischen die Beine in die Scheide steckt. Die Schwester war also nicht nur blöd. Sie war auch eine Vertraute.

Gerechtigkeit

Mein Vati streitet sich mit meinem Bruder oft über Politik. Beide wollen, daß die Menschen besser leben. Von meinem Vati weiß ich darüber sehr viel.

Er spricht mit mir über die Menschen in der dritten Welt. Er sagt, die müßten nicht hungrig sein, wenn sie nicht ausgebeutet würden. Lieber sollte man ihnen Traktoren schenken und Weizensaat als Brot und Kleider. Dann können sie sich selbst versorgen.

Er redet mit mir über Behinderte. »Spast« sage ich schon lange nicht mehr. Wenn die Alten und die Behinderten nicht in Heimen lebten, sondern in ihren Familien, dann wäre die Welt besser. Ich trage den alten Leuten beim Einkaufen ihre Taschen und stehe im Bus auf, wenn jemand graue Haare hat.

Mein Vater predigt nicht von der Kanzel in unserer Kirche. Er will nicht über den Leuten stehen, sondern bei ihnen sein. Das finde ich gut. Martin Luther King hat das auch so gemacht.

Ich weiß von meinem Vati viel über Vietnam, über die Länder in Lateinamerika und über Israel, wo die Juden und die Palästinenser leben. Er hat mir erzählt, warum die Deutschen den Krieg angefangen haben. Meine Mutti hat mir von den Bombardierungen erzählt und wieviel Angst sie als Kind hatte. Da fiel oft die Schule aus, die Kinder mußten im Keller sitzen. Sie hat gesehen, wie die Nachbarstadt brannte, und hat große Angst vor Flugzeugen und Soldaten gehabt. Deshalb mag meine Mutti auch keine Silvesterknaller. Die klingen wie Bomben, da muß sie weinen. Mein Vati mag die auch nicht, weil das Geld dafür nämlich für Waffen benutzt wird. Gott will nicht, daß es Arme und Reiche gibt. Jesus hat gesagt: »Eher geht ein Kamel durch ein Nadelöhr als ein Reicher in das Himmelreich Gottes.«

Kinder sollen frei erzogen werden, sagt mein Vater. Sie sollen als Babys mit ihrer Kacke und mit Dreck spielen dürfen. Kinder sollen alles über Sexualität wissen, denn sie sind nicht dumm und können das ruhig alles hören. Er sagt dann: »Auch Kinder haben schon eine Sexualität.« Oft redet mein Vati ganz ernst mit mir. Er will immer wissen, was ich denke und welche Gefühle ich habe. Mein Vater ist stolz auf mich, weil ich schon so viel verstehe und weiß. Mit mir kann er besser reden als mit meiner Mutti. Für ihn habe ich die Bibel heimlich gelesen. Von der ersten Seite an, obwohl die schwer zu verstehen ist. Für ihn habe ich »Die Bürgschaft« auswendig gelernt, weil er Schiller gern hat. Ich pflücke ihm Blumensträuße und male ihm Bilder. Auf meinen Vater kann ich nämlich sehr stolz sein.

Der Wald

Das Kind ist gern in den Wald gegangen. Die Mutter hat immer Angst. Aber es kann auf sich aufpassen. Das Mädchen ist ja schon zehn Jahre alt. Sie weiß, wo sie Bucheckern findet. Aus denen wurde im Krieg Öl gepreßt. Die schmecken nach Nüssen. Sauerklee ist auch lecker, aber davon bekommt man Durchfall. Wenn Muttertag ist, weiß das Mädchen, wo die Maiglöckchen am Waldrand blühen. Der Wald lebt. Er beschützt sie. Er duftet nach Laub, Erde und Pflanzen. Sie mag das Moos und die Kiefernnadeln, den Matsch und das Laub unter ihren nackten Füßen.

Sonntags wacht sie immer schon um sechs Uhr auf. Da schlafen noch alle. Sie zieht sich an, deckt den Frühstückstisch, füllt Kaffee in die Thermoskanne. Malt mit einem warmen Messer Muster auf die Butter. Das macht sie jeden Sonntagmorgen. Dann läuft sie durch das schlafende Dorf. Auch der Küster schläft. Nur die Hunde sind wach. Aber mit vielen Hunden ist sie befreundet. Im Wald ist es frühmorgens ganz still. Die Sonne scheint oben auf die Bäume und läßt die Blätter ganz durchsichtig und hellgrün aussehen. Da ist sie gern.

Irgendwann begann die Angst. Seitdem hat sie Herzklopfen im Wald. Die Bäume sind verzaubert. Sie sind eine Mauer geworden, die das Kind nicht schützt, sondern ihm den Zutritt verwehrt. Hinter den Bäumen könnte ein Mann stehen. Ein schlimmer Mann. Deshalb geht das Kind nicht mehr in den Wald. Er ist ihm zum Feind geworden.

Der Verrückte

Im Dorf wohnt ein Mann, der nichts sehen kann. Er hat wasserblaue Augen, die er kaum bewegt. Wenn er läuft, streicht seine Hand über Hauswände und Gartenzäune. Er geht langsam und etwas steif. Der Mann ist etwa dreißig Jahre alt. Oft hat er sich nicht rasiert. Im Dorf rufen ihn die Leute nur bei seinem Vornamen.

Die Kinder auf der Straße drehen sich nach ihm um. Sie reden mit ihm und strecken dabei heimlich die Zunge heraus. Manche zupfen an seiner Jacke und rennen weg. Das Mädchen findet solche Mutproben doof. Dazu ist sie Pfarrerstochter genug. Die Mutter hat ihr aber gesagt, sie soll sich vor diesem Mann hüten. Weil er geistig behindert ist.

Das Mädchen nimmt den Mann an der Hand. Sie hat ein mulmiges Gefühl im Bauch. Streckt den anderen Kindern die Zunge raus. Jetzt führt sie ihn. Er braucht seine Hand nur in ihre zu legen, er muß sich nicht mehr an den Hauswänden entlangtasten. Er freut sich und bedankt sich, als sie sein Haus erreicht haben. Der Verrückte ist nicht gefährlich. Längst nicht so gefährlich wie der nächtliche Vater oder der Küster. Das spürt sie.

Allein

Meine Freundin ist nicht mehr meine Freundin. Sie spielt nur noch mit der Küsterenkelin. Wir gingen alle drei in eine Klasse, schon seit vier Jahren. Wir wohnen in einer Straße. Mit meiner Freundin habe ich eine Geheimsprache. Wir sind Blutsschwestern. Sie wußte sogar von meinem Kätzchen. Ich war dabei, als die Hundebabys von ihrer dicken Hündin gegen die Wand geschlagen wurden. Mir wurde kotzübel, ich habe weggeguckt und nicht kapiert, warum meine Freundin da mithalf.

Jetzt fährt sie mit einem anderen Schulbus in die Stadt. Wir können unsere Hausaufgaben nicht mehr abschreiben. Sie will nicht mehr mit mir spielen, nur weil ich auf dieses bescheuerte Gymnasium muß. Da wollte sie auch hin. Ihre Noten waren so gut wie meine. Aber ihr Vater sagt, sie braucht kein Abitur. Weil sie ja doch heiratet. Unser Lehrer und mein Vati haben mit ihrem Vater geredet. Aber sie darf nicht aufs Gymnasium. Jetzt sagt sie, daß sie das auch gar nicht will. Denn dann muß man länger zur Schule gehen. Ich will nicht in einem Gymnasium zur Schule gehen. Ich will auf die Realschule. Zwei Tage habe ich nichts gegessen. Aber es hat nichts genutzt. Mutti und Vati geben nicht nach.

Jetzt habe ich keine Freundin mehr. Sie sagt, ich wolle was Besseres sein. Will ich aber nicht. An der Unterführung steht mit weißer Kreide, ich sei doof. Das konnte ich nicht abrubbeln. Ich mußte weinen. Später hat sie es zugegeben. Das waren sie und die Enkelin vom Küster. Sie hätten es nicht böse gemeint.

Jetzt bin ich ganz allein.

Der Einbruch

Ich war zwölf Jahre alt. Mein Bett stand in dem Kinderzimmer, das ich mittlerweile allein bewohnte. In dieses Bett hatte sich mein Vater gelegt und mir zwischen die Beine gefaßt. In diesem Bett hat er meine Hand, die ich schützend vor meine Beine hielt, sacht und bestimmt weggeschoben.

GEWALT. In diesem Bett mußte ich ihn streicheln, und er onanierte neben mir. Ich sagte mir derweil atemlos das kleine Einmaleins vor: $7 \times 6 = 42$, $9 \times 4 = 36$, $8 \times 2 = 16$, wann ist er endlich fertig?

In diesem Bett schlief ich, als der Einbruch geschah. Ein Mann war zum Sims des Hochparterres geklettert, das konnte ich früher auch. Er schlug die Scheibe mit einem Stein ein. Der Stein und die Scherben prasselten auf mein Bett. Ich wachte auf, sah den Mann über mir im Fenster stehen. Ich schrie. »Mutti, Vati, Hilfe, Hilfe.« Der Mann verschwand. Meine Eltern kamen, und meine Mutter hob mich aus den Glasscherben heraus.

Danach wurde ich wieder jede Nacht wach. Immer um ein Uhr dreißig. Ich lag im Bett, das nicht mehr unter dem Fenster stand, und ich starb fast vor Angst. Ich kontrollierte vor dem Einschlafen alle Schränke, schaute unter mein Bett, schloß die Fensterläden. Es half nichts. Ich ging wieder zu meinen Eltern in ihr Ehebett. Schlüpfte auf der Seite meiner Mutter ins Bett, wie ich es bis zu meinem siebten Lebensjahr getan hatte. Mein Vater war es, der immer wieder darauf bestand, ich solle in der Mitte liegen. Damit meine Mutter mehr Platz habe. Ich wollte nicht in die Mitte. Ich wollte nicht neben ihm liegen. Ich erinnere mich undeutlich an seinen Körper neben mir. An das komische Gefühl, das mir damals immer falsch erschien. Deutlich weiß ich noch, daß ich Angst hatte, er würde traurig oder streng werden, wenn ich mich nicht in die Mitte legte. Ich schlief ein Jahr lang zwischen meinen Eltern. Fast jede Nacht, bis ich dreizehn wurde.

Neue Eltern und Geschwister

Das Mädchen hat zwei jüngere Schwestern gefunden. Die eine ist zehn Jahre alt, die andere geht sogar noch in den Kindergarten.

Sie hat eine neue Mutter, die sehr jung ist. Eine Oma, die ihr selbstgekochte Marmelade schenkt und sie gern hat. Eine Uroma, die sehr, sehr alt ist. Einen neuen Vater, den sie nicht mag. Der immer nach Bier riecht. Dieser Vater ist aber meistens nicht zu Hause, im Gegensatz zu ihrem eigenen.

Das Mädchen übernachtet dort, sooft die Eltern es erlauben. Mit der Bettdecke im Arm ist sie schon eine vertraute Figur in der kleinen Straße, in der die neue Familie wohnt. Fünf Minuten vom Pfarrhaus entfernt beginnt eine andere Welt. Das Mädchen liebt ihre neue Familie, und ihre Liebe wird erwidert. Sie pendelt wie eine Schlafwandlerin zwischen der Pfarrhauswelt und der Adoptivfamilie. Hier wird nicht diskutiert. Das Essen schmeckt besser als am Mittagstisch der Eltern. Sie ißt gern an der karierten Tischdecke der Küche mit ihren zwei kleinen Schwestern und der Mutter.

Obwohl sie *anders* ist, gehört sie dazu. Hier gibt es keinen Küster und auch keinen bewunderten oder gemiedenen Vater. Hier stimmen ihre Gefühle. Sie sind nicht falsch.

Vor dem Einschlafen liegen die drei Mädchen im Bett. Sie haben ihre Schlafanzugjacken bis zu den Schultern hochgeschoben. Die Kinder liegen seitlich hintereinander. Jede malt oder schreibt auf den Rücken der Freundin, die vor ihr liegt. Die muß raten, was dort steht. Es ist angenehm, aufregend und schön. Die Randposition wird gerecht abgewechselt, damit jedes der drei Mädchen mal nur gemalt bekommt. Aber es ist nicht richtig, mit dem Finger über Rückgrat, Schultern und Rippen der Freundinnen zu wandern. Wenn die neue Mutter das sieht, wird sie sicherlich schimpfen. Das spürt das Mädchen. Sie weiß nicht, warum es verboten ist, sich anfassen zu lassen und zu streicheln. Sie hat dabei ein schlechtes Gewissen. Sie macht es dennoch. Niemand fragt dabei, wie sie sich fühlt. Ob es auch schön ist. Kein winziges Stück rutscht sie aus ihrem Körper heraus. Es ist nicht wie mit dem Vater.

Erogene Zonen

Es ist Sommer. Ich sitze mit meinem Vati auf dem Gras im Garten. Ich trage kurze Hosen, sonst nichts. Mein Vater fragt mich, ob ich mich selbst befriedige. Ich bin verlegen. Sage: »Ja, manchmal streichle ich mich.« Er will wissen, wie ich das mache. Er erklärt, was die Klitoris ist, die den Orgasmus möglich macht. »Du brauchst dich deshalb überhaupt nicht zu schämen. Früher durfte man das nicht. Es wurde sogar behauptet, man könne davon krank werden. Als ich ein kleiner Junge war, mußte ich immer die Hände über der Decke lassen. Dabei ist das doch ein schönes Gefühl.« Eigentlich würde ich am liebsten aufstehen und weglaufen. Aber ich bin festgewachsen, als wäre ich ein Grasbüschel auf unserer Wiese.

Dann redet er von den erogenen Zonen. Seine Stimme hat einen Klang, der macht, daß ich weit hinten im Gemüsebeet kauere. Wieder scheint die Sonne schwarz, das Gras und die Bäume sehen aus wie im Fernseher. Ich kann sie weder riechen noch fühlen, noch kann ich richtig sehen. Ich fühle und fühle auch nicht, wie mein Vater mir hinters Ohr faßt. Meine Schenkel entlangstreicht. Meine Brustwarzen reibt. Um zu zeigen, wie hart und fest die werden können. Auch der Mund ist eine erogene Zone. Da faßt er mir aber nicht hin. Ich spüre das und kann doch nichts wahr-nehmen. Ich sehe, wie hart dieser Hubbel auf meiner Brust wird. Wie meines Vaters Zeigefinger darüber hin und her streicht. Ich kenne diesen Blick, diese Stimme und auch mein falsches Gefühl. Er will mir doch nur etwas erklären. Ich will nicht verklemmt sein.

An diese Szene erinnerte ich mich all die Jahre hindurch. Sie erschien mir zwar als Übergriff, aber doch nicht als sehr bedeutsam. Ich war kein mißbrauchtes Mädchen, mein idealisiertes Vaterbild ließ die Wahrheit nicht zu. Ich litt schon damals unter dem Phänomen, das in der Literatur als »spacing-out« oder auch als Dissoziation bezeichnet wird. Meine Erinnerung glich dem Erlebten. Sie blieb ohne jedes Gefühl.

Ich erlebe die Dissoziation auch heute noch häufig. Für andere, die das nicht kennen, ist es vielleicht schwer vorstellbar. Es ist nichts Mystisches, Esoterisches, auch keine Seelenwanderung. Ich erlebe es so, daß ich meinen Blick auf etwas hefte, dabei innerlich leer werde, gefühlstot an die Stelle gebunden, auf die mein Blick fällt. Vielleicht dem Tagträumen vergleichbar, wenn auch ohne die Phantasien, es ist nur ein mich füllendes Nichts. Manchmal ist es aber auch einfach das Nicht-Spüren von Reizen. So

z. B. bei meiner Ärztin, wenn ich eine Anzahl Spritzen ins Knie bekomme. Da liege ich, schaue zu, merke zwar den Einstich, aber fühle ihn nicht. Das ist praktisch, bei manchen Betroffenen klappt es sogar beim Zahnarzt, das gelingt mir nicht. Leider. Aber die Empfindungslosigkeit quält, wenn ich z. B. den Händedruck meiner Therapeutin nicht wahr-nehmen kann. Das macht mich traurig. Auf große Nähe oder/und Angst reagiere ich häufig mit Abspaltung.

Einfühlsamkeit

Meine Mutter kommt vom Elternsprechtag des Gymnasiums. Sie war bei meinem Klassenlehrer, der mich in der sechsten Klasse unterrichtet. Ein lustiger Mann mit wilden Haaren und einem patzigen Schnauzbart. Sie ist sehr stolz auf mich. Der Lehrer hat mich gelobt. Noch nie habe er eine so einfühlsame, aufgeweckte und sozial engagierte Schülerin wie mich in seiner Klasse gehabt. Er freue sich, mich unterrichten zu dürfen. Klar, daß meine Mutter froh ist. Klar, daß ich ganz stolz und verlegen werde. Ich mag meinen Lehrer. Er ist nicht streng, aber ich weiß, was er von der Klasse erwartet. Er ist freundlich. Meistens jedenfalls. Ich habe ihm mein Poesiealbum gegeben. Er hat mir hineingeschrieben: »Man muß wissen, bis wohin man zu weit gehen kann.« Jean Cocteau.

Einfühlsamkeit ist der beste Schutz vor Überraschungen. Außerdem macht sie beliebt. Ich war es gewohnt, die Stimmung meines Vaters sehr genau zu erspüren. Ich kenne fast jede Nuance seiner Mimik, Gestik und Stimme. Drohendes Unheil rieche ich bei ihm zehn Meilen gegen den Wind. Roch ich, denn jetzt will ich ihn nicht mehr sehen. So ließen sich Übergriffe und Konflikte vermeiden. Ich spürte meine Gefühle nicht mehr, ich war damit beschäftigt, mich in ihn einzufühlen. Nicht nur in ihn. Ich habe die Einfühlung als Kind anwenden gelernt. Meine eigenen Gefühle waren so oft »falsch«. Scham, Wut, Rache, Angst, Neid und Egoismus standen im Pfarrhaus auf der Verbotsliste. Nur im Streit mit meinen Geschwistern brachte ich diese Gefühle zum Ausdruck. Ich zog einen Trumpf nach dem anderen aus meinen Taschen und spielte sie alle aus. Ich habe gebissen, gespuckt, geklaut, verraten, beneidet und geschlagen.

Die Sache hatte damals nur einen Haken: Ich fühlte mich schlecht, sündig und gemein. Mein Verhalten wurde scharf sanktioniert. »Du bleibst in deinem Zimmer, bis du zur Vernunft kommst« war noch das kleinste Übel. Mein Vater schlug fest, wenn er schlug. Voll unterdrückter Wut. Ich klemmte zwischen seinen Beinen, und er schlug zu. Der Hintern schmerzte, aber schlimmer war die Scham. Meine Mutter schlug nicht so fest. Weh tat es auch, aber so beschämend wie zwischen den Beinen meines Vaters hängend, als kleines Mädchen noch mit heruntergezogener Hose, war es nie.

Ich konnte meinem Vater nichts entgegensetzen. Jedes Streitgespräch endete zu seinen rhetorischen Gunsten. Er drehte mir das Wort im Mund herum, bis es das wurde, was er hören wollte. Meine Worte lagen auf seiner Goldwaage, die nicht geeicht war. Ich konnte nie wissen, wann sie sich neigen würde. Wann Liebesentzug drohte oder ein Wutausbruch. Ich versuchte beharrlich, das Unkontrollierbare zu kontrollieren. Er hatte Macht über meine Mutter und uns Kinder und stellte sich dennoch als progressiver, demokratischer Vater und Mann dar. Gehirnwäsche ist der treffende Begriff. Er war sich bei allem, was er mir antat, meiner Liebe sicher, ließ sie sich auch immer wieder bezeugen. Er benutzte seine Machtposition, um mich emotional und sexuell auszubeuten. Er konnte seinen Sadismus ausleben, ohne Strafe oder Liebesentzug fürchten zu müssen. Ich lernte, mich einzufühlen. Ich lernte, ihn zu manipulieren. Als meine Therapeutin mir das erste Mal sagte, ich ginge manipulativ und kontrollierend mit mir und ihr um, war ich ehrlich erstaunt. Es war mir so zur Gewohnheit geworden, so normal, daß ich es nicht merkte.

Einfühlung und Gefühlsverlust existierten nebeneinander. Ich erinnere mich, wie meine Mutter mich in der Grundschulzeit ohrfeigte. Ich stand auf Zehenspitzen vor dem Spiegel im Bad, betrachtete mein gerötetes Gesicht. Ich suchte meine Gefühle in diesem Glas. Es spiegelte mir nur meinen Zustand. Glatt und kalt. Gern hätte ich geweint, ich konnte es nicht. Da war kein Gefühl. Nur meine Mutter, die ins Bad kam und mich zur Schamhaftigkeit aufforderte. Selbstmitleid war ein Verbrechen. Nie durfte laut gestritten werden. Man könnte es ja auf der Straße hören. »Was sollen denn die Leute denken« war ein so geläufiger Satz wie »Geh und wasch dir deine Hände«. DIE LEUTE sollten nicht wissen, was im Pfarrhaus vorging. Meine Mutter durfte nicht wissen, was in meinem Bett geschah. Geheimhaltung war Normalzustand. Ich war allein.

Sexualkundeunterricht

Das Mädchen sitzt im Biologieunterricht. Theoretisch und praktisch »aufgeklärt«. Wenn auch diese Auf-Klärung in Verwirrung statt Klarheit führt. Sie ist bewandert in allen Fragen der Sexualität. Koitus, Petting, Orgasmus, Penetration, Onanie sind ihr vertraute Begriffe wie die orale, anale und ödipale Phase, die sie so frei wie möglich ausleben durfte, wie der Vater sagt. Sie wurde ja fortschrittlich und antiautoritär erzogen. Ein Produkt der 68er-Bewegung, die endlich mit der verbiesterten, verstaubten überkommenen Sexualmoral Schluß machte. Sie kann sich also nicht beschweren. Mit ihren dreizehn Jahren ist sie das aufgeklärteste Kind in der Klasse.

Die Lehrerin spricht über »den Liebesakt«. Sie fragt die Klasse, was geschieht, wenn Mann und Frau miteinander schlafen. In den Reihen wird betreten geschwiegen, gewitzelt und gelacht. Das Mädchen meldet sich. Sie ist gewohnt, solche Fragen nicht unbeantwortet zu lassen.

»Mann und Frau legen sich zusammen hin. Entweder er liegt auf ihr oder sie auf ihm. Das geht auch. Sie streicheln sich, küssen sich, werden erregt. Der Mann bekommt ein steifes Glied. Die Scheide der Frau wird naß, damit das Glied besser in die Vagina eindringen kann. Der Mann steckt seinen Penis in die Frau. Das finden beide sehr schön. Dann bekommt er einen Samenerguß. Die Frau kann auch einen Orgasmus haben. Dann ist es am schönsten. Im Sperma des Mannes sind die Samenzellen für das

Kind. Die schwimmen in die Eierstöcke der Frau und dringen ins Ei ein. So entstehen Kinder, wenn man nicht verhütet. Das alles macht dem Mann und der Frau ein gutes Gefühl.«

Die Klasse schweigt. Die Lehrerin lobt betreten. Das Mädchen hat ihre Lektion gelernt, kann sie herunterleiern wie das kleine Einmaleins. Sie spürt die Blicke der *anderen*. Besonders der Jungen. Dabei hat sie nichts Unanständiges gesagt. Nichts, worüber man sich schämen müßte. Tief innen wuchert in ihr die Scham. Sie versucht, sie nicht zu spüren. Sie ist ja nicht verklemmt wie die *anderen*.

Der erste Freund

Ich bin jetzt dreizehn Jahre alt. Dieses Jahr müssen wir umziehen. In die Stadt. Ich will hier nicht weg. Besonders nicht von meinen zwei jüngeren Freundinnen. Mit der älteren bin ich im Sommer zur Freizeit gefahren. Mein Vati kann ja nicht jedes Jahr Urlaub nehmen. Da fahre ich oft in Freizeiten.

Auf dieser Freizeit war ein Begleiter mit, den fand ich toll. Wir haben uns auf der Nachtwanderung an der Hand gehalten. Geküßt hat er mich auch, auf den Mund. Da war ich sehr aufgeregt. Der mochte mich am liebsten von allen Kindern. Er hat den Arm um mich gelegt, und wir sind zusammen spazierengegangen. Ich glaube, ich bin verliebt. Er auch. Aber er will einmal Mönch werden, hat er mir gesagt. Deshalb darf er mich nicht mehr küssen. Da war ich traurig. Aber er hat recht, Mönche dürfen nicht heiraten.

In meinem Album finde ich ein Foto von diesem Mann. Mitte Zwanzig. Das Bild zeigt ihn schlafend in seinem Bett. Daneben steht: Mein Freund und Begleiter.

Die Regel

Das Mädchen hat Blut in der Hose. Im Bauch und im Rücken zieht es. Sie weiß Bescheid. Sie hat die »Tage, Periode, Monatsblutung, Regel, Menstruation, den Zyklus«. Der Vater hat darüber oft geredet. Immer mit leichtem Ekel und Faszination in der Stimme. Sie hütet sich, damit zum Vater zu gehen.

Sie läuft zur Mutter. Die macht mit ihr einen langen Spaziergang über die Felder. Das Gras kitzelt an den nackten Beinen. Die Binde ist ungewohnt. Das Mädchen ist stolz und beunruhigt. Jetzt kann sie endgültig und nie mehr ein Junge sein. Es gibt keine Jungen, die ihre Tage haben und denen Brüste wachsen. Ekelhafte Brüste mit lila Streifen, weil das Bindegewebe schwach ist. Die sie sich einsalbt wie offene Wunden.

Die Mutter erzählt, wie sie ihre Periode bekam. Es ist nichts, wofür sich das Mädchen schämen soll. Jeden Monat reinigt sich die Gebärmutter, damit ein Kind darin wachsen kann. Das weiß das Mädchen längst, aber es ist schön, wie die Mutter es ihr erzählt.

Sie hat es sonst nur vom Vater gehört. Oder in den Aufklärungsbüchern gelesen. In diesen Büchern stehen nackte Jungen und Mädchen, Männer und Frauen, die starr in die Kamera sehen, ihre Arme seitlich gegen den Körper gepreßt. Die findet das Mädchen eklig.

Bevor sie das Pfarrhaus erreichen, bittet das Mädchen seine Mutter, dem Vater nichts davon zu sagen. Die Mutter erzählt es doch. Eine Viertelstunde nach der Bitte ihrer Tochter. Das Mädchen steht starr und gefühlstot im Wohnzimmer. »Das ist ja schön. Da bist du also jetzt eine Tochterfrau«, sagt der Vater. So nennt er sie von nun an öfter, mit einem unangenehmen Klang in der Stimme.

Irgendwann in dieser Zeit habe ich es geschafft, ihm zu sagen, er solle meine Brüste in Ruhe lassen. Meine ältere Schwester hatte mich dazu ermutigt. Der Ton in meiner Stimme war so unsicher wie ich, als ich es ihm sagte. Er reagierte beleidigt, als wisse er nicht, wovon ich sprach.

Sportunterricht

Früher habe ich gern geturnt. Ich weiß nicht, was mit mir los ist. Jetzt HASSE ich das. Ich fühle mich wie eine fette, klebrige Schnecke. Ich schäme mich, wenn die Lehrerin mir zuschaut. Ich schäme mich beim Vorturnen vor der Klasse. Im Unterricht soo eine Klappe. In Sport 'ne Null. Das ist, weil ich Angst habe. Beim Schwimmen auf Zeit denke ich, ich muß ertrinken. Dabei bin ich früher wahnsinnig gern geschwommen. Bei einer normalen Luftrolle habe ich mir das Zwerchfell geklemmt, dabei konnte ich früher sogar Salto. Über den Bock komme ich oft nur noch beim dritten Versuch. Der Schwebebalken hängt zehn Kilometer über der Erde. Ich klebe daran wie ein ausgelutschter Kaugummi. Ich habe das alles mal gekonnt. Felgaufschwung und Radschlag. Jetzt kann ich nichts mehr. Ich traue mich nicht, wie die anderen Mädchen zu sagen, daß ich meine Periode habe. Ich tu so, als hätte ich sie nicht. Dabei HASSE ich Sport.

Die Wohngemeinschaft

Meine große Schwester ist ausgezogen. Sie wohnt in einer Wohngemeinschaft. Ich habe sie mit meinen Eltern in der Stadt besucht. Mein Vater fand dort alles blöd. Er hat so lang rumgemeckert, bis meine Schwester fast weinte.
Mir gefällt es bei meiner Schwester. Einmal in der Woche besuche ich sie. Dann bringt sie mir Gitarre bei. Wir reden und trinken Tee. Oft zündet sie Räucherstäbchen an. Schön gemütlich ist es bei ihr. Sie ist jetzt viel netter zu mir. Wir reden über die Schule und über zu Hause. In der Wohngemeinschaft kochen alle zusammen, das macht Spaß. Dann liegt der Tisch voll Gemüse, und jeder macht irgendwas. Das Essen schmeckt mir gut. Wir haben sogar fünf Tage lang eine Fahrradtour gemacht und in Jugendherbergen geschlafen. Manchmal war ich da erwachsener als sie. Dann habe ich mich getraut, nach dem Weg oder der Uhrzeit zu fragen. Sie hat sich nämlich geschämt. Das kenne ich auch. Aber

mit ihr dabei war ich mutig. Ich finde, Vati sollte nicht so gemein zu ihr sein. Ich will auch mal in einer Wohngemeinschaft wohnen.

Das Kind hat seine Lektion gelernt

Das Kind sieht mich an. Es trägt jetzt eine Brille. Dahinter tasten seine Augen unablässig mein Gesicht ab. Ich spüre seine Fühler. Kaum eine Regung bleibt ihm verborgen. Mein leises Stirnrunzeln, jede Veränderung meiner Augen, meines Mundes und Atems werden registriert. Es beobachtet meine Körperhaltung und meine Bewegungen.

Wie ein Seismograph kurz vor dem Erdbeben reagiert das Mädchen auf plötzliche Veränderungen oder Unsicherheit. Sie plant den Katastrophenschutz, ist bereit zur Evakuierung. Wenn schon Schläge, dann wenigstens ins Leere. Angestrengt und müde sieht das Mädchen aus. Sie ist nun bald kein Kind mehr. Sie wird ihre Spielsachen zum Flohmarkt tragen. Hat ihre Lektion gründlich gelernt.

Der eine Vater wurde in viele gespalten, damit sie nicht verrückt wurde. Der fremde Vater im Bett ist verdrängt. Der nasse Igel hat sich eingeigelt, die Vergewaltigung ist ins Unbewußte verschoben. Ein Spaltpilz ist im Kind gewachsen, er hat es behütet und beschützt. Sein Körper ist verlassen, ihm kann scheinbar nichts mehr geschehen, er darf keine Empfindungen produzieren. Das Mädchen hat gelernt, fremde Gefühle zu empfinden, um den eigenen zu entgehen und um geliebt zu werden. Fremde Gedanken helfen, die eigenen schlimmen nicht denken zu müssen. Das Kind hat viel gelernt. Jetzt kauert es in einem Kontrollapparat, der es schützen soll. Es weiß noch nicht, daß es sich darin nicht leben und nicht sterben läßt. Daß der Schutzapparat zum Monster wird. Das tötet, was es beschützen soll. Das Befremden auslöst. UNKONTROLLIERBARES Befremden.

Die Frau sieht mich an. Nachdenklich und erschöpft. Ich spüre ihre Blicke. Wie sie mich mustert. Abschätzt. Wertet. Ich mag das nicht. Ich fühle mich durchschaut, ertappt – und verstanden. Dabei versteh ich mich oft selbst nicht. Meine Gedanken und Gefühle sind durcheinander. Oft sitzt mir ein rotes Tier im Bauch, das brüllt vor Wut.

Mein Vater sagt, ich sei am »pubertieren«. Das ärgert mich. Ich bekomme Pickel. Das ärgert mich auch. Er sagt: »Das haben wir schon zweimal erlebt, das dritte Mal schaffen wir auch noch.« Ich will kein »drittes Mal« sein. Ich habe Angst vorm Erwachsenwerden. Mit meiner Mutter streite ich nur noch. Weil mein Zimmer chaotisch ist. Ich meine Jeans mit Löchern auf dem Knie tragen will. »Scheiße« sage, und zwar oft! Am liebsten bin ich bei meiner Ersatzfamilie. Da bin ich noch ein Kind. Spiele mit den Freundinnen. Sonst bin ich immer schon so erwachsen.

Teil IV
Die Jugendliche

Im Niemandsland

Das Mädchen ist kein Kind mehr. Als Jugendliche fühlt sie sich auch nicht. Sie steht im Niemandsland und beobachtet mit Entsetzen die Veränderungen an ihrem Körper und in ihrem Leben. Vierzehn Jahre alt, lila Latzhosen. Nickelbrille und Borstenschnitt. Unwillkürlich denke ich an den Igel. Sie ist selbst einer geworden. Kein nasser, nein, ein scheuer Igel mit langen Stacheln. Die sie anlegen oder aufstellen kann.

Letztes Jahr sind wir umgezogen. Jetzt wohnen wir in der Stadt. Unser Haus ist groß und alt. Ich hasse diese tote Wohngegend. Mit den Mercedeskutschen auf dem Gehweg. Hier finde ich keine FreundInnen. Zu Hause ist es auch öde. Meistens lese ich und esse.
Aber ich habe viel zu tun. Ich bin Schulsprecherin, gehe auf die Konferenzen, versuche die Schülervertretung an unserer Schule zu organisieren, arbeite im Stadtschülerrat mit. Dann bin ich noch in einer Umweltgruppe. Wir lesen Artikel über Atomenergie und Sonnenkollektoren, verteilen Flugblätter und gehen zusammen auf Demos. In einer anderen Gruppe lesen wir die Pariser Manuskripte von Karl Marx. Die sind oft sehr schwer geschrieben, aber es macht mir Spaß. Die *anderen* sind alle schon siebzehn Jahre oder noch älter. Mit ihnen bin ich gern zusammen.

Unser Hund ist tot. Er fehlt mir so. Ich bin schuld an seinem Tod. Als wir ihn einschläfern ließen, da habe ich mir ein Küchenmesser geholt. Ich saß auf dem Sofa und habe mir den Oberarm aufgeritzt. Mit meinem Blut schrieb ich ihm einen Abschiedsbrief. Es war aber keine tiefe Wunde, weil mir das Ritzen so weh tat.

Mein Vater hat gesagt, wir müßten ihn einschläfern lassen. Weil er eine Lähmung hatte. Ich bin bis dahin jede Woche zweimal mit ihm zum Tierarzt gefahren. Meine Mutter hat meinem Vater zugestimmt, aber sie hätte mich bestimmt noch weiter mit ihm zum Tierarzt fahren lassen. Ich war stinksauer auf Vati, auf Mutti nicht.

Unser Hund war doch mein bester Freund. Als Kind dachte ich, daß er jedes Wort von mir versteht. Mit ihm konnte ich spazierengehen, und er hat mich beschützt. Nachts schlief er auf meinen Füßen am Bettende. Wir haben so viel gespielt und getobt. Man darf doch seinen Freund nicht töten, nur weil er krank ist? Ich hielt ihn im Arm, als der Arzt ihm die Manschette übers Bein streifte und ihm die Giftspritze gab. Dann war er auf einmal tot. Er hat mir vertraut, und ich habe erlaubt, daß sie ihn umbringen. Nachts halte ich sein altes grünes Hundehalsband in meiner Faust, wenn ich schlafe.

Allergie

Ich habe jetzt oft diese Allergie an den Händen. Die Salbe hilft nicht, es juckt trotzdem. Wie verrückt. Neulich hatte ich den Ausschlag am ganzen Körper. Ich bin fast ausgeflippt. Ich war mit meinen Freunden zelten. Wir sind mit dem Fahrrad gefahren, und es hat mir Spaß gemacht. An einem Abend hat mein bester Freund mit meiner besten Freundin im Zelt geknutscht. Ich habe mich abseits ins Gras gesetzt, wollte das nicht hören. Am nächsten Morgen hatte ich überall die roten Punkte. Die haben so gejuckt, daß es mir weh tat. Ich mußte mit dem Zug heimfahren. Das war nicht zum Aushalten. Der Arzt und meine Mutter sagen, es wird wohl eine Allergie auf Bäume sein. Das glaube ich auch, wir waren ja in der Natur.

Der Vater

Vati findet es toll, daß ich politisch so engagiert bin. Er ist stolz auf mich. Wenn er mich im Auto zur Schule mitnimmt, dann reden wir ganz viel. Manchmal ist es mir im Auto zu eng. Vieles geht ihn ja auch nichts an. Aber ich kann meinen Mund nicht halten. Immer erzähle ich ihm, was er wissen will. In seinem Arbeitszimmer führen wir auch lange Gespräche. Wir schmusen viel miteinander. Ich fühle mich eigentlich schon zu alt, um auf seinem Schoß zu sitzen. Aber wenn ich es nicht mache, ist er eingeschnappt. Beim Duschen mache ich jetzt die Tür zu. Das war früher anders. Bei uns in der Familie laufen wir oft nackt rum, jedenfalls mein Bruder, mein Vater und ich. Nach dem Baden, am Strand, bei Ausflügen in die Natur. Jetzt ziehe ich mich nur noch aus, wenn mich niemand sieht.

Mein Vater weiß über alles Bescheid. Religion, Politik, Psychologie und Philosophie. Über Religion kann ich immer noch nicht mit ihm reden. Ich glaube nicht mehr, daß es einen Gott gibt. Wenn es einen gäbe, dürfte er so viel Ungerechtigkeit auf der Welt nicht erlauben. Ich habe jetzt viel über Hitler, die Nazis und die Juden nachgedacht. Wir reden in der Schule darüber. Ich finde den Krieg und die Konzentrationslager so schlimm, daß ich manchmal weine. Ich sehe die Omas und Opas auf der Straße und überlege, was sie wohl damals gemacht haben. Keiner redet darüber, aber so viele haben mitgemacht. Weil solche Sachen passieren, glaube ich nicht an Gott, obwohl mein Vater mich letztes Jahr konfirmiert hat. Da habe ich noch dran geglaubt. Jetzt weiß ich, Gott ist eine Lüge.

Mein Vater interessiert sich für mich. Er fragt oft mehrmals am Tag, was ich denke oder fühle. Ich weiß auch ganz viel über ihn. Manchmal denke ich, meine Mutter müßte eifersüchtig sein. Weil er mit ihr längst nicht soviel redet wie mit mir.

Streit

Sie will nicht wie ein kleines Kind behandelt werden. Wenn sie ihre FreundInnen besucht, möchte sie nicht um dreiundzwanzig Uhr zu Hause auf der Matte stehen müssen. Da fällt es den *anderen* nämlich auf, daß sie noch nicht siebzehn, sondern erst vierzehn Jahre alt ist. Sie riskiert die Machtfrage.

»Ich will nicht mehr um dreiundzwanzig Uhr heimkommen müssen. Heute nicht und überhaupt nie mehr!«

»Du bist noch keine sechzehn Jahre alt«, sagt der Vater.

»Wir können dir das unmöglich erlauben. Du weißt genau, daß Mutti sich solche Sorgen macht. Du willst uns doch wohl nicht den Schlaf rauben.«

»Mutti muß ja nicht wach liegen, bis ich heimkomme. Das ist doch Quatsch, da kann ich nichts dafür.«

»Es ist viel zu gefährlich um diese Uhrzeit. Wenn du nun vergewaltigt wirst?«

»Das ist doch schnurzegal, ob ich um dreiundzwanzig Uhr oder um vierundzwanzig Uhr vergewaltigt werde. Ihr wißt ja eh nicht, wo ich bin.«

Da steht der Vater auf. »Schluß jetzt! Es gibt Wichtigeres als dich auf der Welt.« Und schaltet die Tagesschau ein. Das rote Tier wächst in ihr. Es faucht und fährt seine Krallen aus. Wird groß, bis sie fast platzt. Sie rennt in ihr Zimmer. Knallt die Tür zu. Schreibt vier Briefversionen. Kündigt an, daß sie heimkommen wird, wann sie es will. Sie hat etwas verstanden: Der Vater hat keine Macht, wenn sie nur tut, was *sie* will. Sie gibt den Eltern den Brief am nächsten Morgen. Nach der Schule kommt ihr Vater: »Wir haben deinen Brief gelesen und akzeptieren ihn.« Dann geben sich Vater und Tochter einen Kuß. Der Vater ist doch echt gut.

TÜV

Die Jungen in unserer Klasse sind voll beknackt. Die spinnen. Nicht nur, daß sie den ganzen Tag lang Mist im Unterricht machen. In den Pausen »tüven« sie jetzt die Mädchen. In dem kleinen Raum neben unserem Klassenzimmer ziehen sie den Mädchen die Pullis hoch. Sie holen sich immer eine von uns und tragen sie rüber. Die liegt dann auf dem Tisch, und die Jungen schauen sich ihre Brüste an. Das Mädchen bekommt auf den Bauch geschrieben: TÜV.

Mit mir machen sie das nicht. Von mir sagen sie sowieso, ich wäre eine Emanze. Das stimmt aber gar nicht. Ich heiße doch nicht Alice Schwarzer, ich bin nicht fanatisch. Aber den Mädchen, die sich wehren, denen helfe ich. Was ich überhaupt nicht kapiere, ist, daß manche sich wehren, aber eigentlich doch »getüvt« werden wollen.

Die meisten Mädchen aus meiner Klasse »gehen« schon mit einem Jungen. Sie reden über Klamotten und üben den »Schlafzimmerblick«. Da muß man seine Augen halb zumachen und ganz bescheuert gucken. Witze machen die Runde. Vom Mann, der beim Vögeln in der Frau steckenbleibt und nach einer Stecknadel sucht, weil seine Geliebte 'nen Krampf hat. Das finde ich genauso blöd wie die Judenwitze. Die Jungens reden vom »Vergewohltätigen«, singen Lieder über Vergewaltigung. Zum Beispiel: »Einst ging ich am Rande der Donau entlang, ohohohlalala, ein schlafendes Mädchen am Ufer ich fand… Ich hab sie im Schlafe zur Mutter gemacht…« Mir ist ganz komisch, wenn sie so singen, aber ich getrau mich nicht, etwas zu sagen.

Ich habe keinen Freund. Keine Ahnung, warum die *anderen* das so toll finden. Beim Bluestanzen, da habe ich mich geschämt und geschwitzt. Flaschendrehen mache ich erst gar nicht mit. Ich hasse Küsse nämlich. Die Jungen sagen, ich sei kein richtiges Mädchen. Will ich auch gar nicht sein. In die Tanzstunde bringen mich keine zehn Pferde. Ich lasse mich doch nicht von einem Jungen auffordern und führen. Ein ganz Ruhiger aus unserer Klasse hat gesagt, so kriege ich nie einen Mann. Wenn ich nicht tanzen lerne. Ich habe ihm gesagt, auf 'nen Mann, der mich deswegen nicht heiratet, verzichte ich. Ich bin halt nicht wie die *anderen*.

Ermutigung

Unser Klassenlehrer ist toll. Er ist noch ganz neu an der Schule. Wir haben ihn in Sozialkunde, Polytechnik und Erdkunde. Er ist ein Linker.

Die Jungens meinen, er greife nicht genug durch. Die sind bescheuert. Wenn einer streng ist, dann beschweren sie sich auch. Jedenfalls gibt er sich viel Mühe.

Ich treffe ihn auch außerhalb der Schule. Seine Freundin ist mittlerweile meine beste Freundin. Von den beiden lerne ich viel. Wir hören Degenhardt und Ton-Steine-Scherben. Neulich hat er mich abends in seinem alten Kastenwagen heimgefahren. Da meinte er, es sei bestimmt sehr schwer, einen Vater zu haben, wie ich ihn habe. Er kennt meinen Vater nämlich. Seine Freundin hat mir sogar ein Buch über Väter geschenkt. Sie sind die ersten Leute, die ich kenne, die meinen Vater schwierig finden.

Es ist wahr. Die meisten Menschen finden meinen Vater gut. Faszinierend, interessant. Er scheint sensibel und ist ein kompetenter Gesprächspartner. Sein Name ist in den Medien bekannt, unter anderem durch seine Beiträge zur Sexualerziehung. Mir fehlten als Kind Menschen, die mir Mut machten, meinen eigenen Wahrnehmungen und Gefühlen zu trauen. Die gesehen hätten, was mein Vater mir antat, indem er mich emotional und sexuell enteignete und ausbeutete. Enge Freunde hatten meine Eltern nicht. Nur Bekannte, die uns sporadisch im Dorf besuchten. So war mein Klassenlehrer tatsächlich der erste Mensch, der meine reale Situation erkannte und mit mir daran arbeitete. Vom sexuellen Mißbrauch ahnte er wohl nichts. Aber er stärkte mir den Rücken. Traurig und erschreckend, daß es nicht früher schon solche Menschen in meinem Leben gab.

Autogenes Training

Einmal in der Woche gehe ich zur Volkshochschule. Dort lerne ich, mich zu entspannen. Oft schlafe ich dabei ein. Aber es macht mir Spaß. Mein Vati kann das auch. Er hat es sich selbst beigebracht, sagt er.

Zu Beginn der Stunde machen wir Gymnastik, zur Durchblutung. Der Mann, der uns das lehrt, ist schon alt. Er hat mich neulich an den Brüsten massiert. Alle Frauen im Kurs sollten sich oberhalb der Brust reiben, weil die Herzmuskulatur durch den BH ganz schwach wird. Er ist rumgegangen und hat gezeigt, wie wir uns massieren sollen. Dann kam er zu mir. Beugte sich über mich, lobte mich und begann, mich zu massieren. Ich dachte, ich sterbe. Mein Körper wurde ganz starr, ich hielt die Luft an. Rutschte aus meinem Körper raus. Ich mochte das nicht. Aber ich blieb liegen, wurde rot und lächelte.

Spaziergänge

Ich laufe viel. In den Ferien setze ich mich in den Zug und fahre aus der Stadt. Dann laufe ich, bis ich am Abend zurückfahre.

Ich bin gern allein. Wenn ich wandere, werde ich ganz ruhig. Denke meine eigenen Gedanken, fühle meine eigenen Gefühle und lasse mir die Sonne auf den Kopf scheinen.

Sonst muß ich immer zuhören. Viele Freundinnen erzählen mir ihre Sorgen mit ihren Eltern oder Freunden. Ich kann gut zuhören, sagen sie. Ich versuche, ihnen zu helfen. Darauf bin ich stolz. Aber ich bin lieber allein. Das ist nicht so anstrengend. Ich will mal Beschäftigungstherapeutin werden, wenn ich erwachsen bin. Eine Lehrerin sagte, aus mir könne mal eine Politikerin werden. Aber echte Politiker, das sind ja alles nur Männer.

Die große Schwester

Meine Schwester wohnt jetzt in einer anderen Stadt. Dort studiert sie Biologie. Wir sind richtige Freundinnen und schreiben uns Briefe.

Wenn sie nach Hause kommt, dann geht es ihr immer schlecht. Ihr wird schwindlig und übel, sie friert, obwohl Sommer ist, und sie muß zittern, wenn sie mit meinem Vater streitet. Sie hat viel Wut auf meinen Vater. Ich nehme ihn in Schutz. So schlimm ist er nicht, wie meine Schwester das behauptet. Aber ihre Wut kann ich verstehen. Meine Schwester zeigt sie ihm nicht, sie hat ihn ja auch lieb. Dafür reden wir zusammen darüber. Ich mag meine Schwester. Sie baut mit mir Drachen, wenn sie heimkommt, oder nimmt mich mit in die Frauendisco. Ich darf mit ihr auf dem Moped fahren, und sie hat mich darauf üben lassen. Wir fahren zusammen zum Baggersee, aber dort schämen wir uns beide unter all den nackigen Leuten.

Nach dem letzten Krach mit meinem Bruder habe ich jetzt mit Temperafarbe ein großes Frauenzeichen an meine Tür gemalt. Rot mit einer geballten Faust drin. Was ihn angeht, da faucht und zischt das rote Tier in mir. Meine Mutter hat Angst, mich mit ihm allein zu lassen. Er macht nämlich Karate und schlägt oder tritt sehr fest.

Reisen

Das Mädchen ist ungefähr fünfzehn Jahre alt, eher jünger. Sie sitzt neben ihrem Vater im Auto. Der Vater fährt über die Autobahn, er ist ein angespannter, vorsichtiger Fahrer. Jahrelang hat das Mädchen sich bei jeder Autofahrt erbrochen. Der Bruder bestach sie, damit sie nicht auf seine Seite brach. Eine ganze Mark hat er ihr dafür bezahlt, daß sie auf die Schwester kotzt statt auf ihn. Nun wird ihr nur noch selten schlecht. Im Kofferraum stapelt sich das Gepäck. Der Vater nimmt sie mit auf eine Dienstreise.

Sie war schon einmal dabei, mit ihren Eltern. Diesmal sind sie nur zu zweit. Sie fahren an seiner Geburtsstadt vorbei, er zeigt ihr das Haus, in dem er aufwuchs. Erzählt sehr viel aus seiner Kindheit und Jugend im Krieg. Das macht er gern. Noch immer fehlt es nicht an Erläuterungen über das Hausmädchen, die mit ihm ins Bett ging, als er noch klein war, über Onanie und Jungensexualität im Krieg.

Sie kennt seine Geschichten in- und auswendig. Sie sind ihr peinlich. Sie bleibt stumm und hört zu. Vater und Tochter übernachten im Hotel.

Ich weiß nicht, ob er mich dort anfaßte. Es ist ein unangenehmes und beklemmendes Gefühl zurückgeblieben, wenn ich an dieses Hotelzimmer denke. Sechs Jahre später, mit einundzwanzig, fuhr ich mit ihm nach Frankreich. Ich hatte garade meinen Führerschein gemacht und nutzte die Gelegenheit, Auto zu fahren und kostenlos Urlaub zu machen. Es waren angespannte und fürchterliche Tage. Voll Ambivalenz. Mal sprachen wir über die intimsten Dinge, und kurz darauf haßte ich ihn wie die Pest. Ich verstand meine Reaktionen nicht. Meine Gefühle waren falsch und bedrohlich. Denn ich fühlte mich dort mit ihm in diesem Hotel wie seine Geliebte.

Wir besichtigten alte Höhlen im Wald. Plötzlich verschwand er. Sagte keinen Ton und war weg. Ich wartete und bekam Angst. Ich suchte ihn, und er stand splitternackt vor mir im Wald. Es war mir peinlich, ihn so zu sehen. Auch wenn er es damit erklärte, er habe sich im Bach gewaschen. Es war mir unangenehm, und ich zeigte es nicht. Ich wollte nicht verklemmt sein.

Mittagessen

»Das Essen ist fertig!« ruft meine Mutter die Treppe hoch. Seit meine Geschwister mittags nicht mehr da sind, ist alles noch schlimmer. ICH WILL DA NICHT HIN. Verdammt noch mal. Ich bin sowieso zu fett. Aber nicht vom Mittagessen. Das sind meine Freßanfälle. Weswegen mir meine Hosen nicht mehr passen. Überall ist jetzt dieser ekelhafte Speck. Ich kann mich nicht zusammennehmen. Nutella, Käse, Kekse, Schokolade, Gurken – wahllos fresse ich mich durch Kühl- und Küchenschränke. Beim Mittagessen habe ich keinen Hunger. Aber nicht wegen der Fresserei. Es ist, weil ich meinen Vater nicht ertrage. Ich kann nicht zusehen, wie er ißt. Ich kann nicht hören, wie er das Essen zermalmt und schluckt. Dabei ißt er wie alle anderen. Aber bei ihm halte ich es nicht aus. Ich spinne. Das meint meine Mutter auch, der ich's im Vertrauen erzählt habe. Sie weiß nicht, woher diese Überempfindlichkeit kommt. Ich auch nicht. Keine Ahnung. Jedenfalls nervt er. Seine Fragen und sein Schnaufen und sein Schweigen, das halte ich nicht aus. Dabei ist er doch ganz in Ordnung. Andere Kinder haben Eltern, die sie prügeln. Ich wurde nicht geschlagen, glaube ich, bekam nur manchmal von meiner Mutter einen Klaps auf den Hintern. Ich denke nicht, daß ich mich beschweren kann. Meine Eltern haben mich freier und antiautoritärer erzogen, als es in anderen Familien üblich ist. Jedenfalls hab ich keinen Bock aufs Mittagessen. Frühstücken tu ich nur noch, wenn mein Vater schon aus dem Haus ist. Fahre dann mit dem Rad in letzter Minute zur Schule. Keine Ahnung, was mit mir los ist.

Gorleben soll leben

Fünf Tage habe ich fast nichts gegessen. Weil ich nach Gorleben will und mein Vater es verbietet. Er sagt, solange ich nicht sechzehn bin, kann er das mit seiner Aufsichtspflicht nicht vereinbaren.
Dann hat er es doch erlaubt. Meine Mutter hat wie immer Angst, gönnt mir aber, daß ich dorthin fahre. Es wird bestimmt Klasse. Wir fahren mit dem Fahrrad durch die ganze Bundesrepublik. Bis nach Gorleben, weil sie dort den Giftmüll »entsorgen« wollen. Den gibt es aber nur wegen der Atomkraftwerke, und er ist gefährlich, deswegen demonstriere ich. Ich packe meine Fahrradtaschen voll. Mit Kleidern und Essen, Landkarten und Flickzeug.
Die Fahrraddemo kommt durch unsere Stadt, und ich fahre mit.

Wir haben nämlich Schulferien. Alle *anderen* sind schon erwachsen. Es sind Alternative, die lesen die TAZ, trinken Pfefferminztee und essen Müsli. Wir singen »Wehrt euch, leistet Widerstand...« im Kanon. Klingeln mit unseren Fahrradklingeln und machen eine Spontanfete mit einer Demo in einer bayrischen Stadt. Dort werden unsere Namen und Adressen notiert, weil wir bei Rot über die Ampel gefahren sind. Das ist das erste Mal, daß ich was mit der Polizei zu tun habe.

Ich bin gern bei diesen Leuten. Ein Dreißigjähriger ist dabei. Er war mal Lehrer, würde aber gern alternativ leben und lehren, wie in Dänemark. Der findet mich gut. Weil ich so jung bin, gerade erst fünfzehn, und doch schon so viel weiß. Weil ich in der Schülervertretung und politisch aktiv bin.

Es ist die dritte Übernachtung auf unserer Fahrt. Er schlägt vor, daß wir unsere Schlafsäcke vor das Haus legen, uns die Nacht anschauen. Es ist schön, ein kalter Wind, die ersten Sterne, es riecht nach Gras und Erde. Da dreht er sich zu mir, macht meinen Schlafsack auf und beginnt, mich zu streicheln. ZACK! Die Panik steigt hoch. Ich rutsche aus meinem Körper. Liege starr da. Stumm und voll Scham. Mein Bauch zuckt wie ein flatterndes Huhn. Schließlich, mit viel Anstrengung, setze ich mich hin: »Ich will das nicht!« Er versteht gar nicht, was ich habe. ES IST DOCH SCHÖN. Irgendwie kenne ich diesen Satz. Ich verstehe mich ja selbst nicht. Er ist doch nett. Ich mag ihn ja. Warum bin ich immer so komisch? Mein Herz klopft laut. Ich kann hier nicht bleiben. Ich muß ganz schnell weg. Packe den Schlafsack aufs Fahrrad. Verständnislos sieht der Mann mir zu. »Bleib doch, ich tu dir doch nichts. Was soll ich denn den anderen morgen früh erzählen?« Das weiß ich auch nicht. Ich weiß nur eins, ich muß hier weg. Dabei habe ich mich auf diese Fahrt so gefreut. Ich fahre drei Stunden, bis ich um sechs Uhr morgens in der Großstadt bin, in der meine Tante lebt. Im Industriegebiet fährt mir ein Mann auf einem Klapprad nach, will wissen, wohin ich so allein unterwegs bin. Bietet mir zwanzig Mark an. Ich trete in die Pedale, bis ich keine Luft mehr bekomme.

Mein Vater holt mich mit dem Auto bei der Tante ab. Dort habe ich fassungslos geweint. Er läßt sich die ganze Sache genau erzählen. Legt mir während der Fahrt seine Hand auf meinen Schenkel, wie er es sonst bei meiner Mutter macht. Mir ist das so unangenehm. Ich bin wirklich überempfindlich. Da hat meine Mutter recht.

Zu Hause verstehe ich mich selbst nicht mehr. Das schlechte Gewissen plagt mich. Außerdem bin ich verliebt. In den Lehrer. Es war doch schön. Die Sterne, die dunklen Baumschatten über uns, das Gras. Ich habe einen großen Fehler damit gemacht, so panisch wegzufahren. Ich rufe drei Wochen lang in der WG vom Lehrer an, bis ich ihn erreiche. Ich möchte, daß er mich besucht. Schließlich kommt er, in seinem alten Bus, den er zum Wohnmobil ausgebaut hat. Ich kenne ihn nicht wieder. In diesen Mann war ich nicht verliebt. Wir sind uns fremd, verlegen, haben uns nichts zu sagen.

Verunsicherung

Während ich versuche, mich in diese Zeit zurückzuversetzen, bemerke ich die Parallelen zu heute.

Seit ich mich erinnere, sind meine Gefühle – wenn ich fühle – genauso stürmisch, unkontrollierbar, verwirrend und erschreckend wie in meiner Jugend. Damals dachte ich, meine Eltern hätten mich in einer Seifenblase aufwachsen lassen. Mir eine behütete, heile Welt und eine Moral vermittelt, die für das Leben nicht paßt. Ich glaubte, diese Seifenblase sei geplatzt. Stand in einer Welt, die mit der propagierten Ethik meines Vaters nichts gemein hatte. Erst jetzt, fast dreißigjährig, wird mir bewußt, daß es diese heile Welt nie gab.

Meine heile Welt
ist zerbrochen
ratlos wühle ich
in ihren Trümmern.

Der Traum von
der grenzenlosen Freiheit
einer Erwachsenen ist
schon länger ausgeträumt.

Zitternd stehe ich nackt
vor Maschinengewehren
spüre die eiserne Kette
der Mächtigen um meinen Hals.

Voll Angst betrachte ich
den Pflasterstein in meiner Hand
der lächerlich wirkt gegen die
Neutronenwaffen meiner Feinde.

Dann such ich dich
damit du mich warm hältst
in diesem kalten Land.

Doch deine Hand ist
kälter noch
als meine eigene.

Ich möchte schreien
und gegen unsere
Vernichtung kämpfen.

Mein Schrei stirbt
im »Sieg-Heil«-Geschrei
der Bürger dieses
»neuen« deutschen Staates.

Ich lebte nie in einer heilen Welt. Sie war Lüge, so wie es die synthetischen Einkaufsparadiese und Erlebniswelten sind. Ein großangelegter Betrug, der die Realität eines autoritären Familiensystems verdeckte, in dem mein Vater mich sexuell mißbrauchte. »Nackt vor Maschinengewehren, mit einem lächerlichen Pflasterstein gegen die Vernichtung«, so war meine Gefühlslage, und sie war nicht falsch.

Jetzt stehe ich wieder vor einem Trümmerhaufen. Erkenne die Folgen des Mißbrauchs. Will Abschied nehmen von meiner Kindheit, will von den Schäden heilen. Ich bin erleichtert und betroffen. Und ich bin sehr zornig. Wenn es Gott gäbe, würde ich ihn zur Hölle schicken. Es ist unfair, ungerecht, gemein, was mein Vater mir antat. Das allerschlimmste aber ist der Tod meiner Schwester. Ich kann versuchen, meine Gefühle und meinen Körper wiederzubeleben. Ich kann an den damals nötigen Überlebensstrategien arbeiten, die mich heute behindern. Meine Schwester kann ich nicht lebendig machen. Viele Verluste sind zu betrauern, und selbst das Trauern muß und will ich lernen. Ich kann nicht richtig weinen.

| *Gedicht,* | *Gedicht,* |
| *sechzehn Jahre alt* | *fünfzehn Jahre alt* |

Vatermord	Langeweile
Ich träumte	Stunden vorm Fernseher
letzte Nacht	mein Hirn konsumiert
einen Traum	nur noch Fetzen
Und träumend	Ratten im Kanal
wurde ich	Ausgebombte Städte
zum Mörder	Steinbrocken, Plastik
Laut lachend	Irgendwo dazwischen
ermordete ich	ICH
meinen Vater	Und suche mich
Ich grub ihm	Und find mich nicht
ein Grab und	in mir nicht
schrieb darauf	in dir nicht
»Hier ruht	Lang schon gefunden
in alle Ewigkeit	aber übersehen
Vater Staat«	weil viel zu klein

Punk

Bald nach ihrem sechzehnten Geburtstag zieht die Jugendliche in eine eigene kleine Dachwohnung. Morgens, vor der Schule, schnallt sie sich ein Hundehalsband um, zieht die schwarze Lederjacke an und schnürt ihre klobigen Armeestiefel zu. Sie zaust sich durch ihre kurzen Haare und befeuchtet sie mit Bier, um sie in Form zu bringen.

Nach der Schule lungert sie mit anderen Punks auf dem Marktplatz herum. Sie trinken, rauchen, fluchen und provozieren die Passanten. Aus ihrem Recorder tönt laute Musik: Sex Pistols, Death Kennedys, Hans-A-Plast. Die Sechzehnjährige ist eine der wenigen jungen Frauen in der Punk-Szene ihrer Stadt, und sie teilt die Verachtung der Punks gegenüber ihrem Geschlecht. Die Jugendliche bleibt nicht lang allein in ihrer Wohnung. Andere Punker, eine Prostituierte und ihr Zuhälter ziehen ein. Hausbesetzer aus Amsterdam suchen eine Bleibe. Nun wohnen sie zu acht in den beiden kleinen Dachzimmern.

Die Küche ist voller Scherben, die von den Streitigkeiten der Prostituierten mit ihrem Zuhälter zeugen. Bald ist kein Glas mehr heil. Auf den Tellern verkrusten und schimmeln Reste von Nudeln und Hamburgern. Niemand spült.

Der Boden der Wohnung ist mit Kleidern, Schlafsäcken, Comics, leeren Flaschen, Zigarettenstummeln und Spucknäpfen bedeckt. Fixerbesteck und verschiedene Vibratoren liegen herum. Ein Leitfaden über sadomasochistische Sexualpraktiken fasziniert die Sechzehnjährige.

Im Winter ist die Wohnung eiskalt. Niemand hat Geld, um Kohlen zu bestellen. Durch das Fenster, das einer der Punks aus Wut zerschlagen hat, zieht es. Er nagelt Bretter davor, nun ist es wärmer, aber dunkel.

Sie leben von Wurstresten, Brot und Bier. Manche Bewohner bringen geklautes Essen mit. Die Jugendliche investiert das Geld von ihren Eltern in Miete, Alkohol und Zigaretten. Sie geht nur noch unregelmäßig zur Schule und bricht ihre Abiturausbildung schließlich ganz ab.

Doch so sehr sie sich auch bemüht, wie die *anderen* zu sein, sie fühlt sich nicht zugehörig zu der Welt, die die Punks für sie verkörpern.

»No *future*«

Mir geht das alles hier auf den Geist. Ich werd nicht mein Leben lang malochen und abends vor der Glotze abhängen. Ist doch eh alles kaputt hier, die Leute wollen's nur nicht sehen. Weil sie im Wohlstandsmief hocken, hinter ihren frischgebügelten Gardinen. Von uns hier wird keiner alt. Ich trau keinem mehr. Aber Provo ist gut. Neulich, da haben wir 'ne Ketchup- und Senfschlacht gemacht. Das kommt bei McDonald's aus so Hähnen raus. Wir haben das Zeug auf Servietten gepumpt und uns damit beschmissen, bis wir alle damit eingeschmiert waren. Haben wir gelacht.

Die in der Schule nerven mich mit ihrem Pädagogengesabber. Einem Lehrer hab ich fast die Fresse poliert. Er hat die Tür zugehalten, damit ich nicht an ihn rankomme. Das ist ein ganz mieser Typ mit Froschaugen, der die Mädels anquatscht. Dann ist er zum Direx gerannt und hat sich beschwert.

Sonst trau ich mich oft nicht, draufzuhauen. Bei den Poppern geht mir noch die Muffe. Außerdem schlagen die sich nicht mit Frauen. Das find ich beknackt. Bin doch keine von ihren blonden, langhaarigen, rausgeschminkten Mädels.

Meine Alten seh ich nicht oft. Nur zum Duschen fahr ich hin und wegen meinen Klamotten und weil da der Kühlschrank voll ist. Mitbringen darf ich keinen von uns. Will ich auch gar nicht. Die anderen brauchen nicht zu wissen, was für spießige Alte ich hab. Immerhin, sie schieben mir fünfhundert Mark im Monat rüber. Meine Mutter macht sich Sorgen. Das ist normal. Ich hab ihr gesagt, wie sie sich wünscht, daß ich sein soll, werde ich nie. Heirat und Kinder und so'n Kram. In *die Welt* setz ich kein Kind. Mein Alter, dem bin ich egal. Der mir auch. Der labert ja doch nur. Von wegen Demokratie, Gerechtigkeit, Gleichheit und so'n Geschwätz. Glaubt er doch selbst nicht. Wahrscheinlich glaubt der nicht mal an Gott, obwohl er doch Pfaffe ist.

Der erste Typ

Ich hab jetzt zum ersten Mal mit einem Typen gepennt. Meine Freundin nämlich auch, noch vor mir. Sie hat gesagt, das ist voll geil. Na ja, da hab ich's auch versucht. Ich war in der Kneipe zum Flippern, da war einer, der sah gut aus. Kräftig, rote Haare. Der hat mir das Hundehalsband von so 'nem neurotischen Sceneköter abgeschraubt.

Meine Fresse, haben wir gelacht. Er ist mit in die Wohnung gekommen. War erst elf in der Nacht, da waren wir allein. Ich hab ihn gefragt, ob er mit mir pennt. Da waren wir schon ziemlich stoned und besoffen. Der war ganz aus den Latschen, daß ich noch Jungfrau bin. Wollte er mir nicht glauben. Hat aber extra ein Kissen untergelegt, das war nicht nötig, ich hab nicht geblutet. Ich fand's voll gut. Danach hab ich den nicht mehr gesehn. Weiß auch gar nicht, wie der richtig heißt.

Am Morgen drauf bin ich zu meinen Alten gefahren. Baden. War nur mein Vater da. Hatte Urlaub. Ich bin ins Bad und hab mich ewig gewaschen. Irgendwie war alles siffig. Meinem Alten hab ich's gleich erzählt. Er hat gefragt, wie's war, und ich konnte mal wieder die Klappe nicht halten. Er wollte wissen, ob ich verhüte. Klar, das hatte ich im Griff. Eigentlich geht's ihn ja 'nen Dreck an, mit wem ich penn und ob's schön ist. Irgendwie mußte ich's ihm aber stecken. Komisch.

Anmache

Neulich im Park, das war auch voll gut. Wollte mich doch einer von den Wichsern da anmachen. Von wegen Frau und so. Da hab ich die Kette aus der Lederjacke geholt. Die hat ein Freund von 'ner Einfahrt abgemacht. Ich halt dem Typ also die Kette vor die Nase und sag, er soll sich verziehen. Weil ich die Kette nicht nur umhängen hab, sondern auch mit ihr umgehen kann. Der ist gerannt wie ein Karnickel. Das ist was anderes als all das Gelaber von wegen Emanzipation und so. Das hat gewirkt.

Traum, siebzehn Jahre

Meine Familie liegt in einem Raum auf einem Podest. Nebeneinander auf dem Rücken. Ich betrete den Raum, einen Ölkanister in der Hand. Ich gieße das Öl über sie. Sage, es tut mir leid, aber ich muß es tun. Sie verbrennen. Zurück bleiben ihre Kleider, die aussehen, als stecke da jemand Unsichtbares drin.

Schwesterngespräche

Die Schwester ist während der Punkzeit die einzige aus der Familie, von der sich die Jugendliche angenommen fühlt. »Punki« nennt die Schwester sie liebevoll. Es ist die einzige, der sie sagt, daß sie sich nicht wohl fühlt in der Wohnung, ihr aber alles aus den Händen geglitten ist. Daß die Wohnsituation sie nervt und sie sich als eine fühlt, die nie zu den *anderen* gehören wird.
Um die Schwester sorgt sie sich. Die ist jetzt dreiundzwanzig Jahre alt. Sie ist oft traurig und ernst. Die Schwester muß an manchen Tagen in ihrer Wohnung bleiben. Sie hat Angst vor Menschen. Sie fühlt nichts, ist »umnebelt«, wie sie es nennt. Als wäre eine Glaswand zwischen ihr und den Leuten. Sie hat vor, eine Therapie zu machen. Diese innere Leere, die hält sie nämlich nicht mehr aus. Es ist das erste Mal, daß die ältere Schwester der jüngeren anvertraut, daß sie daran denkt, sich umzubringen. Sie würde sich dann auf die Schienen legen. Aber da ist die Angst, der Zug könne entgleisen. Und der Schock, den Fahrer und Reisende erleiden würden. Die Jugendliche fühlt sich hilflos. Die Schwester soll doch am Leben bleiben.

Drogen

An ihrem siebzehnten Geburtstag treffe ich sie wieder. Mit ihrem Vater sitzt sie in einer Pizzeria. Sie reden wie üblich über alles. Nur, daß das LSD erst langsam aus ihrem Körper verschwindet, das erzählt sie ihm nicht. Es ist nicht der erste Trip, auch nicht der dritte oder vierte. Der Vater merkt nichts, darüber spürt sie klammheimliche Freude. Er ist begeistert, wie intensiv sie beide reden können. Das Lederhalsband ist abgelegt. Der warme, schützende Panzer der schwarzen Lederjacke bleibt noch einige Jahre. Sie manipuliert sich. Aufputschmittel, Gras, Dope, LSD, Alkohol und Nikotin. Nur kein Koks, kein Heroin. Süchtig will sie nicht werden. Abhängigsein ist ihr ein Greuel. Mit den Drogen kann sie fühlen. Es sind starke Gefühle und Erlebnisse, besonders auf Trip. Mehrfach hält sie sich nur knapp davor zurück, sich während des Trips zu gefährden. Farben, Formen und Wahrnehmungen sind verändert. Während sie fasziniert vor einer Kreuzung steht und den Lichterwechsel der Ampel beobachtet, hat sie das Bedürfnis, einen Unfall zu provozieren. Wegen des Blaulichts. Oder als sie an der Polizeistation vorbeigeht – der Gehweg ist von tapetenähnlichen rot-grünen Mustern überdeckt –, hat sie Lust, hineinzugehen und die Polizisten grinsend zu provozieren. Was können die ihr schon anhaben, wenn sie nur grinst. Aber sie kontrolliert sich. Hört auf Trip immer wieder »the wall« von Pink Floyd. »We don't need no education, we don't need no thought control. No dark sarcasm in the classroom, teachers leave us kids alone!« Auch in der Schule sitzt sie voll LSD oder Dope und findet das Verhalten ihrer Lehrer reichlich lächerlich.

Sie wohnt wieder bei den Eltern. Mit den Punks gab es nur Ärger, sie hielt es nicht aus. Da ließ sie ihnen die Scherbenwohnung, weil sie sich nicht traute, die *anderen* vor die Tür zu setzen. Deshalb wohnt sie jetzt in der Mansarde ihres Elternhauses. Hier oben kifft sie, nimmt sie das LSD. Heimlich. Die Eltern wollen es nicht wahrhaben. Es bereitet ihr Genugtuung, die Mutter und den Vater in solcher Unwissenheit zu lassen. Meist ist sie sowieso unterwegs. Im Jugendzentrum oder in Kneipen, oder sie schnorrt in Parks, gemeinsam mit Freunden, die Alternativen an. Meist schläft sie bis mittags, sie hat keine Lust aufzustehen, ist unmotiviert. Am liebsten würde sie nie mehr aufwachen.
Die Ambivalenz gegenüber dem Vater ist unverändert. Sie meidet ihn, oder es entsteht eine Nähe, in der sie sich unwohl fühlt. Im-

mer öfter tobt sie innerlich – und manchmal äußerlich – vor Wut über ihn. Er verletzt und kränkt sie mit der Botschaft, wie mißraten seine drei Kinder sind. Er tut ihr weh, und sie liebt ihn dennoch. Es gibt Sätze, die er immer wieder sagt, die sich in sie einbohren wie ein Dorn, die ihr bestätigen, daß sie unerwünscht ist: »Kinder sind fremde Leute.« »Wir hätten euch autoritär erziehen und ein stabiles, funktionsfähiges Über-Ich mitgeben sollen.« »Wenn Mutti und ich keine drei Kinder hätten, was könnten wir uns dann alles leisten.« »Pfarrer sollten keine Kinder bekommen.« Sie würde sich gern die Ohren zuhalten, um weiter zu glauben, daß sie einen Vater hat, der sie annimmt und liebt.

Brokdorf

Sie will nach Brokdorf zur Großdemo gegen das geplante Atomkraftwerk. Der Vater besteht auf seiner Aufsichtspflicht. Das ist ihr mittlerweile egal. Ist doch Schrott, was er da redet. Sie ist sechzehn und wird hinfahren. Auf dem Vorbereitungstreff hat sie sich entschlossen. Sie fährt mit, auch wenn sie niemanden kennt. Der Vater verbietet es. Weil sie sich nicht von den Militanten distanziert. Sie sagt, wir können noch soviel reden, Worte verhindern nichts. Hält ihm seine eigenen Ansprüche vor, für die er nichts tut.

Da wird der Vater sauer. Er kommt ihr mit Martin Luther King. Redet von Ghandi, Willy Brandt und der Gewaltfreiheit. Sie hat das zu oft gehört. Sie glaubt ihm nicht mehr. Gegen die staatliche Gewalt, die Atommafia ist militanter Widerstand gerechtfertigt, sagt sie. Er unterstellt ihr terroristische Moral. Sie nennt ihn einen Heuchler und linken Faschisten. Da flippt er aus, tritt sie mit voller Wucht in den Unterleib. Der Gewaltfreie.

Sie rennt in ihr Zimmer. Heult. Der Bauch schmerzt. Er steht vor der Tür, will sich entschuldigen. »NEIN! Hau ab! Wir sind fertig miteinander!« weint sie.

Am nächsten Morgen schmiert die Mutter ihr Brote, kocht Tee. In einem klapprigen VW-Bus nehmen fremde Leute sie mit nach Brokdorf. Das Geknatter der Hubschrauber macht sie fast taub.

Unter den Demonstranten landen die Hubschrauber rotierend, aus ihrem Bauch springen mit Schlagstöcken bewaffnete Sondereinsatzkommandos. Sie steht bis zum Hals in einem der Wassergräben, die sich durch das flache norddeutsche Land ziehen. Neben ihr schlägt ein Polizist auf eine Frau ein, die nicht tief genug in den Graben fliehen konnte. Naß und frierend, es ist Winter, irrt sie in der Masse der Demonstranten herum. Tränen laufen ihr herunter. Nicht nur wegen dem Tränengas der Wasserwerfer und wegen der CN-Granaten.

Als es dunkel ist, fahren sie mit dem VW-Bus ins Dorf. NATO-Stacheldraht, Flutlichter und Personenkontrollen erschrecken sie. Gespenstisch tot liegt Brokdorf da, eine Dorfleiche, von Polizisten bevölkert. Aber in einem der kleinen norddeutschen Häuser ist die Erste-Hilfe-Station, in der es heißen Tee gibt. Dort trocknet sie ihre nassen Kleider am Ofen, von einer warmen Decke umhüllt. Hört den Gesprächen zu und sitzt bei den *anderen*, die nicht anders sind. *Jetzt gehört sie dazu.*

Um meine Stimmung und Lebenseinstellung in dieser Zeit wiederzugeben, hier eine der vielen Geschichten, die ich damals schrieb.

Geschichte, sechzehn Jahre alt

um ihren fuß sicher zwischen einem gulli und hundekot aufsetzen zu können, machte sie einen tänzelnden schritt. in ihren augen spiegelten sich autobahnen, hochhäuser, plakatwände und schaufenster.

alles schien in bester ordnung zu sein. sie selbst machte den normalen eindruck einer großstadtjugendlichen. über die zerfetzten jeans konnte der anständige bürger noch hinwegsehen. sie würden mit großer wahrscheinlichkeit später einer hübsch bürgerlichen kleidung weichen. diese jeans waren ebenso kurzlebig wie die träume von anarchie und kommunismus, die leute in diesem alter unter die bevölkerung zu bringen suchten. diese phase würde schon vorbeigehen und durch andere träume, träume vom nächsten urlaub, eigenheim, auto ersetzt werden. darauf hoffte man, und darum ließ man die kinder noch spielen...

sie blieb stehen, blickte sich um und begann, die an ihr vorbeieilenden menschen zu betrachten. sie spürte ihre eile, ihre ruhelosigkeit. kalte blicke hinter dunklen gläsern, eingebettet in starre masken, musterten sie.

sie fröstelte, nur schwach schien die sonne hinter der die stadt umhüllenden smogdecke hervor. irgend etwas war anders als sonst. eine stimmung lag in der luft. eben noch hatte das mädchen ins jugendzentrum gehen wollen. die schule hatte sie gefrustet, die alten hatten sie genervt. sie hatte bock auf 'nen guten paff, paar bier, 'ne runde flipper gehabt. nun gab sie ihr vorhaben auf. beugte sich plötzlich zu boden. eine kleine pflanze, eine, wie sie manchmal auf ruinen wachsen, hatte sich aus dem asphalt gearbeitet.

das mädchen pflückte die pflanze nicht ab. in ihrem gesicht begann sich etwas zu verändern. ihr mund zuckte, breitete sich leicht geöffnet aus. aufrecht, nur leicht gestützt von einer parkuhr, stand sie da. beim genauen hinschauen konnte man ihren körper vibrieren sehen. es sprudelte in ihr, bis sie schließlich laut und fröhlich lachte. die szene sah für einen beobachter grotesk aus. da stand ein lebendig in beton begrabener mensch und lachte.

die leute, die vorbeiliefen, wurden neugierig. ein aktivbürger fragte, ob sie sich nicht schäme, angesichts einer solchen handlung. ein kreis von betrachtern entstand um das mädchen und die kleine pflanze. ein lachender mensch – war das genehmigt?

ein kleines kind begann zu grinsen, fiel kurz in das lachen des mädchens ein. das gemeinsame lachen war fast lauter als der straßenlärm. aber die verunsicherte mutter des kindes schlug, bis es weinte, und dann, bis es still war. man hörte polizeisirenen in der ferne, die lauter wurden, bis sie das lachen des mädchens übertönten. da war nur ihr gesicht im schein des blaulichts und der von den hochhäusern gespiegelten strahlen der untergehenden sonne.

die sirenen wurden abgestellt. das lachen war zu hören, bis die stimme aus dem lautsprecher die leute aufforderte, sich zu ent-

fernen. polizeiknüppel halfen nach. dreimal hörte man die auf-
forderung, dreimal sah man das mädchen dazu lachen. ein schuß-
geräusch mischte sich in den straßenlärm. das verblutende
mädchen sackte neben die pflanze auf den asphalt. die blutbe-
schmierte pflanze wurde vom fahrer des unfallwagens zertreten.

Hungerstreik 1981

Die Gefangenen aus der RAF und der militanten Linken sind im
Hungerstreik, gegen die Isolationshaft, für ihre Zusammenle-
gung. Die Jugendliche ist empört. Sie liest die Texte der RAF. Die
Aussage von Ulrike Meinhof: »Protest ist, wenn ich sage, das und
das paßt mir nicht. Widerstand ist, wenn ich dafür sorge, daß
das, was mir nicht paßt, nicht länger geschieht« ist ihr nah.
Das rote Tier in ihrem Bauch wächst und nimmt Konturen an. Es
ist ein Staatsfeind. Unversöhnlich. Der letzte Glaube an den Staat
schwindet, als Sigurd Debus an den Folgen der Zwangser-
nährung stirbt. Als die Zusagen gegenüber den Gefangenen nicht
eingehalten werden. Sie nimmt zum ersten Mal bewußt die Manipulation durch die Medien wahr, die staatliche Nachrichten-
sperre. Beginnt bei einer linken Stadtzeitung mitzuarbeiten.
Sie ist die Jüngste unter den GenossInnen. Mit hochrotem Kopf
hält sie ihre ersten Beiträge auf Veranstaltungen. Noch ist sie
keine achtzehn Jahre alt. Sie geht wieder zur Schule. Hat ein kleines Durchgangszimmer in einer Wohngemeinschaft bezogen.
Dort hängen Plakate, steht ihr Megaphon, und hinter dem Bett
klemmt ein Tränengas/Leuchtgeschoß-Revolver.
Ihre Eltern haben nun jugendliche Mädchen bei sich wohnen. Die
werden vom Jugendamt bei ihnen untergebracht. Sie begegnet
diesen jüngeren Nachfolgerinnen mit Ablehnung. Mit Neid und
Verachtung erlebt sie, wie ihr Vater mit ihnen flirtet.

Widerstand

Radikal. Lateinisch: radix. Von der Wurzel her. Weiße Folter in Deutschlands Trakten. Umweltzerstörung durch die Industriestaaten. Armut. Hier und in der sogenannten dritten Welt. Waffenexporte und Kriege, Mord und Völkermord. Konsumgesellschaft, Leistung und Profit. Psychisches Elend, Einsamkeit, Resignation.

Ich habe das alles gehaßt. So sehr gehaßt. Wollte und konnte mir meine Zukunft nicht in einem solchen System vorstellen, das von der Wurzel her faul ist, in dem die Würde des Menschen mißachtet wird, weil sie keinen Profit abwirft. Ich habe die Industrie gehaßt. Das Militär. Den Staat. Rote Wut im Bauch. Lodernder Haß beim Blick in die Tageszeitung. Haß auf die Schule. Auf die satte »Wirtschaftswundergeneration«, die verlogen über Leichen geht, sich dabei den dicken, schmierigen Bierbauch streicht, von Demokratie redet und die Bild-Zeitung liest.

Obdachlose, Fixer, Ausländer, Alte, Behinderte und Arme bleiben bei diesem Ellbogenkampf am Boden. So viel WUT und HASS. Ich versuchte zu begreifen, zu verstehen. Aber es blieb mir unbegreifbar, unverständlich, ich wußte nur eins: Hier muß *alles* anders werden.

Die WUT war alt. Der HASS war alt. Mißachtung und sexuelle Mißhandlungen, die ich als Kind erfuhr, waren der Boden, auf dem diese Gefühle entstanden. Neu war die Hoffnung. Ich war nicht mehr allein mit meiner Verzweiflung, meiner Angst, meinem Trotz und meiner Sehnsucht. Da gab es andere Menschen, viele andere, die sich wehrten. Sie zogen mich an, ich ließ nicht mehr los. Ich suchte den Kontakt zum radikalen, militanten Widerstand. Von nun an hatte mein Leben und Dasein einen Sinn. Ich füllte meine innere Leere mit Hoffnung, ich glaubte an die Revolution. Ich befürwortete Gewalt als Mittel zur Beendung der staatlichen Gewaltverhältnisse.

Meine Gedanken und Gefühle wirbeln durcheinander. Ich habe diese Zeit im Widerstand – immerhin fünf Jahre – zu wenig aufgearbeitet. Ich habe viel zu sagen. Aber gehört das in dieses

Buch? Ja, denn es gibt vielfache Verbindungen zu den Gewalterfahrungen in meiner Kindheit. In mir entstehen Bilder:
Morgens um vier: Diskutierend sitze ich mit Genossinnen auf einer Parkbank. Wir reden nicht in unseren Wohnungen, denn die
werden wahrscheinlich abgehört. Für den Staat sind wir die »le-
gale RAF«, das »terroristische Umfeld«, »Sympathisanten und
Unterstützer«.
Ich gehe durch die Stadt, sehe die Banken, die sich zum Himmel
schieben, Turmbau zu Babel, und phantasiere, wie Sprengstoff
die Gebäude vom Boden abhebt und krachend zertrümmert. Ich
achte auf Nummernschilder und Gesichter, habe schon einige
Observationen ertragen.
Ich denke an das Grab des Genossen, der durch die Detonation
einer Bombe starb, die in einem Rechenzentrum gezündet werden sollte, um die hungerstreikenden Gefangenen in der Isolationshaft zu unterstützen.
Ich denke an den Angstschweiß, der nachts mein Bett zur Badewanne macht. Angst vor Kriminalisierung, Angst vor Isolationshaft, Angst vor Gewalt. Alpträume. Schlafstörungen. Blaue
Flecken von Schlagstockeinsätzen. Verquollene, entzündete Au-
gen vom Tränengas, Schmerzen in der Schulter von Hebelgriffen
der Polizei.
Ich, vorne dabei, in den ersten Reihen der Demonstrationen.
Helm und Lederjacke, Megaphon und Tarnkappe. Klirrende
Scheiben von Daimler-Benz und Deutscher Bank, Gericht und
Amerikahaus. Anstatt Schule: monatelang Demonstrationen an
der Startbahn West.
Frühstückstische in besetzten Häusern. Ich höre das Lachen, die
Fragen, die Erzählungen der GenossInnen. Wir teilten Wohnun-
gen, Essen, Geld und unser Badewasser.
Ich erinnere mich an Besuche im Hochsicherheitstrakt von
Stammheim, Aichach, Preungesheim. Vor mir die Trennscheibe,
hinter Glas die gefangenen Frauen. Dreiundzwanzig Stunden al-
lein in der Zelle. Eine Stunde Hofgang. Briefzensur. Besuchsver-
bote. Psychischer und physischer Terror.
Ich sehe mein durchwühltes Zimmer vor mir, die Liste mit be-
schlagnahmten Papieren und Dingen, die mir gehörten. Das Ge-

sicht meiner Mutter nach der ersten Hausdurchsuchung, die sie erlebte. Ihre Angst über den Satz des Landeskriminalbeamten: »Das wird noch ein schlimmes Ende nehmen mit Ihrer Tochter.« Mein schlechtes Gewissen und meine Genugtuung, daß sie sich – endlich – um mich sorgte. Wütende Diskussionen mit meinem Vater. Ich war ihm nicht mehr zur Offenheit verpflichtet. Geheimhaltung, Konspiration schienen notwendig und legitim.

Rennen, Rennen, Stehenbleiben, Rennen, Seitenstechen, Atemnot, die Angst, der Mut. Gejagte und Jägerin. Sondereinsatzkommandos. Lange Schlagstöcke. Schilder. Handschellen. *Männer, alles Männer.* Männer, die observierten, Männer, die unsere Demos auseinandertrieben oder einkesselten, Männer hinterm Richtertisch in Stammheim und anderswo, Männer, die meine Wohnung durchsuchten, Männer, die meine Eltern über mich ausfragten, Männer, die mir den Arm hebelten, mich in »Sicherungsverwahrung« einsperrten, mich an den Haaren durch die Straßen zogen.

Die Zeitungen lügen. Manipulieren. Ich glaube denen kein Wort mehr. Lese zwischen den Zeilen. Quäle mich durch die Aktienkurse, schneide aus, verwerte. Unsere Strategie gegen ihre Strategie. Unser Leben gegen ihres. Kampf bis zum Tod. Kampf um Befreiung. Scheiß-Staat. Völkermörder. Ich gehöre zum antiimperialistischen Widerstand. Ich bin nicht allein. Ich bin konsequent. Ich heuchle nicht wie mein Vater. Ich sorge dafür, daß die Herrschenden sich nicht sicher fühlen können, wenn sie Kriege vorbereiten, von den Flugbasen und Kasernen der BRD aus Soldaten und Kriegsgerät in den Nahen Osten senden. Ich denke, einige müssen anfangen. Ein Beispiel geben, Beispiel sein.
Gewalt ist nur ein Mittel, die größere Gewalt zu beenden. Mir ist die RAF Orientierung. Auf dem Fahndungsplakat finde ich mit der Zeit immer mehr vertraute Gesichter. Gesichter von Frauen und Männern, die ich im Widerstand kennenlernte. Die den legalen Bereich verlassen. Legalität ist, was die Herrschenden bestimmen. Illegal kämpfen und leben bedeutet, dem staatlichen Zugriff zu entkommen. Ich bewundere die Menschen, die diesen Schritt machen. Lange Zeit denke ich mir das auch als meine Zu-

kunft. Aber die Angst. Die Familie. Ich bin noch keine zwanzig Jahre alt. Die Entscheidung kann tödlich sein. Todesschüsse bei der Verhaftung. Lebenslänglich im Knast oder in der Illegalität. Ich glaube nicht an meinen dreißigsten Geburtstag. Ich denke schwarz oder weiß. Mache nebenbei das Abitur. Den Führerschein. Gleichaltrige, die nicht im Widerstand sind, sind Menschen von einem anderen Planeten. Ich spreche eine andere Sprache. Ich verleugne und verdränge meine Herkunft. Ich bin versteinert und trotz aller Rebellion angepaßt bis zur Bewußtlosigkeit. Das erkenne ich nicht. Das will ich nicht wahrhaben. Immer wieder Phasen der Ratlosigkeit, der Verzweiflung. Ich halte das nicht mehr aus. Aber ich mache weiter. Rund um die Uhr. Termine, Verabredungen, Diskussionen, Veranstaltungen – und immer wieder Hoffnung. Auf Verhältnisse, in denen es keine Herren und Knechte mehr gibt, in denen keiner mehr Stiefel ins Gesicht bekommt, in denen die Befreiungsbewegungen in Lateinamerika, Afrika und im Nahen Osten siegen. Hoffnung. Ich fülle meine Leere mit Sehnsucht. Ich teile sie mit den anderen GenossInnen. Aber ich fühle mich einsam.
Gegenseitige Schätzung und Akzeptanz hat den Widerstand zur Grundlage. Wer aufgibt, aufhört, es nicht aushält, gehört nicht dazu. Ist allein. Isoliert. Davor habe ich Angst. Und ich ahne, so wie wir miteinander umgehen, geht es nicht um den einzelnen Menschen mit seiner Geschichte, seinen Gefühlen. Die Gruppe ist hierarchisch. Ich verleugne es, ich will die Kälte, den Anspruch, die Härte nicht wahrhaben, mit der wir einander begegnen.
Als meine Schwester sich umbringt, verlasse ich diesen Zusammenhang. Beschämt, voll Verzweiflung. Bis heute habe ich das nicht aufgearbeitet, ich bin dabei. Es ist schwer. Es geht nicht mit den Kategorien Schwarz oder Weiß, Richtig oder Falsch.
Die Gewalt, die ich als Kind erlebte, ist verknüpft mit dieser Erfahrung. Es ging um die Macht. Gegen die Mächtigen. Gegen die eigene Ohnmacht und Einsamkeit. Als Kind war ich machtlos. Mein Vater, der Küster und andere haben ihre Macht sadistisch mißbraucht. Ihre Macht als Männer und als Erwachsene in einer Gesellschaft, in der Gewalt gegen Kinder und sexuelle Mißhand-

lung Alltag sind. Ich hatte diesen Machtmißbrauch am *eigenen Leib* erfahren und konnte mir als Kind nicht das Recht auf Gegenwehr zugestehen. Nun kämpfte ich gegen Manipulation, Ausbeutung, Isolationsfolter, Gewalt und Unterdrückung. Ich kämpfte gegen Strukturen, deren Elemente alle in sexuellen Mißhandlungen vorhanden sind. Ich verstärkte meine Kontrolle, lebte mit ständiger Bedrohung, hatte ich doch mit Gewalt und Verhaftung zu rechnen. Geheimhaltung war mir vertraut. Wut, Mißtrauen und Angst waren nun begründet. Ich konnte Selbstwertgefühl aufbauen. Ich war kein Dreck. Ich mühte mich um Konsequenz. So kämpfte ich gegen Minderwertigkeit, Selbstverachtung und Sinnlosigkeit an.

Emanzipation und Frauenfeindlichkeit waren damals kein Thema. Heute weiß ich, daß viele Frauen, mit denen ich mich verbunden fühlte, unter Selbsthaß, Eßstörungen, psychischen Problemen, Sucht und sexuellen Gewalterfahrungen litten. Wir sprachen nicht darüber. Meine Verdrängung konnte ich nicht aufbrechen. Beziehungen fanden im »Privatbereich« statt und unterschieden sich kaum von den Ehen unserer Eltern. Ich redete anderen nach dem Mund, paßte mich an. Es war der unbewußte Preis, den ich zahlte, um dazuzugehören. Um unangreifbar zu werden, Macht und Autorität zu gewinnen.

Es kostet Mut. So viel Mut, die eigene Wahrheit zu finden, sie aufzuschreiben. Schwarz auf weiß. Mut gegenüber denen, mit denen mich Jahre gemeinsamen Lebens verbinden. Mut auch gegenüber meiner Familie. Vor allem Mut gegenüber mir selbst. Kritik war immer intern. Hinter verschlossenen Türen. WAS SOLLEN DENN DIE LEUTE DENKEN? Aber die Leute spüren meistens eh genau, was hinter der Fassade geschieht. Hinter meiner persönlichen Fassade, hinter den Familienkulissen und hinter den Bildern der FreiheitskämpferInnen. Da ist kein Grund, die Wahrheit zu verschweigen. Es gibt nur viele Gründe, sie zu suchen und zu finden und zu benennen – und das ist schwer genug. Meine Geschichte will sich kaum in ein Ganzes fügen lassen. Immer wieder brechen Teile heraus. Alles auf einmal zuzulassen, ist sowieso zuviel. Die Verletzungen in meiner Kindheit, der Tod meiner Schwester, dann die Zeit im politischen Widerstand und ich heute, *wer bin ich eigentlich*? Die einzige Antwort ist die Suche. Mühsames Tasten nach Wahrheiten. Der Blick darauf ist immer wieder von dicken Mauern aus Idealisierung, Schuld, Scham, Selbstvorwurf und Angst verstellt. Ich schreibe nicht die Wahrheit. Aber ich beschreibe meine Suche nach ihr. Das ist schon viel, finde ich.

Trampen

In den Schulferien habe ich dann doch mal Urlaub gemacht. Ich mußte hier raus. Mit einem Freund bin ich durch Frankreich getrampt. Nach einer Woche haben wir uns getrennt. Ich wollte nach Larzac, wo französische Bauern ein Widerstandscamp gegen Militäranlagen aufgebaut hatten. Beim Trampen wurde ich oft angemacht. Ein Lastwagenfahrer nahm mich mit. Faßte mir ans Bein. Als ich mich wehrte, setzte er mich auf offener Straße raus. Da stand ich, hielt in der heißen Sonne den Daumen in den Wind und fluchte über die Autos, die vorbeirasten.

Auf der Gegenspur hielt ein Lieferwagen, mit Kaninchen im Laderaum. Er wendete, ließ mich einsteigen, fuhr mich zur nächsten Stadt. Kurz vor den ersten Häusern habe ich ihm von der Anmache erzählt. Ich war dankbar, daß er mich mitnahm. Dann stand ich am Stadtrand, wieder stoppte kein Auto. Da kam derselbe Mann zurück. Er habe Feierabend und fahre in meine Richtung, sagte er und öffnete die Tür seines PKWs. Als ich im Wagen saß, bemerkte ich, daß er nur noch kurze Hosen und Schlappen trug. Vorn in der Ablage lagen schwarze Handschuhe – sonst nichts. Ich habe mich nicht getraut zu sagen, ich wolle aussteigen. Ich dachte, er sei beleidigt, halte mich für überängstlich. Er bog ab, sagte, er nehme eine Abkürzung. Ich saß wie erstarrt, als er begann, mir von seinem Wohnwagen mit schönem Blick auf die Landschaft zu erzählen.

Vorn liegen seine Handschuhe. WARUM? Mitten im Hochsommer. Mein Herz rast. Schließlich fragt er mich, ob ich mich gegen den Fahrer, der mir vorher ans Bein faßte, gewehrt hätte? Ich sage: »Ja, ich wehre mich, so gut ich kann.« Denke an das Messer in meinem Rucksack. Trau mich nicht, es rauszuholen, habe Angst, er könnte es zu seiner Waffe machen. Mit meinem gebrochenen Französisch versuche ich, mich über die Situation hinwegzureden. Ihn abzulenken. Wie eines der Tiere, die er zum Schlachthof fährt, sitze ich auf dem Beifahrersitz, bis ich sage: »Laß mich aussteigen.«

Er tritt erst recht aufs Gas. Wir fahren durch einen Feldweg, ich versuche, die Tür zu öffnen. Die Handschuhe machen mich verrückt. Total verrückt. Er stoppt, als ich die Tür aufreiße. Ich nehme meinen Rucksack und renne. Ich habe keine Hoffnung, schneller als er zu sein.

Er packt mich, wirft mich um. Ich liege auf dem Feldweg. Er zieht mein T-Shirt hoch und versucht, meinen Reißverschluß zu öffnen. ICH BRÜLLE. Aber das bin nicht ich. ICH stehe weit hinten auf dem Feld. Warte auf meinen Tod. Auf die Vergewaltigung. Er kann mir nichts tun. Nur diesem Körper, der brüllend und verlassen zwischen den Grasnarben des Feldweges liegt. Der Reißverschluß klemmt. Er fummelt und keucht. Aus dem verlassenen Körper steigt ein Wimmern auf. Ein Betteln. »Laisse-moi, je ne veux pas – Laß mich, ich will nicht.« Todesangst. »Je veux seulement voir – Ich will ja nur sehen.« Sagt er. Er ist noch jung, etwa dreißig. Relativ schmächtig und blaß. Da rast das rote Tier. Es wächst und brüllt, speit Feuer und Gift. »Tu as vu! – Du hast gesehen«, brüllt es voll Bitterkeit. Läßt meinen Fuß in seinen Magen schnellen. Nicht fest genug. Aber immerhin. Das Wutblut steigt mir in den Kopf. Wenn ich schon sterben muß, dann nicht als hilfloses, bettelndes Opfer.

Er hört auf. Er läßt den Reißverschluß los, steht auf. Setzt sich in sein Auto, der Motor heult auf. Benommen stehe ich auf, renne über die Felder. Der Körper schluchzt. Tränennaß ist mein Gesicht. Ich spüre nichts.

Es ist nicht die erste Vergewaltigung. Davon weiß die Jugendliche aber nichts. Es ist doch alles gutgegangen, denkt sie. Er hat ja nur den Pullover hochgezogen. Die Vergewaltigung durch den Küster ist neun Jahre her. Die Jugendliche auf dem Feld kennt das Mädchen vorm Schuppen nicht mehr. Nur der Körper ist derselbe. Das Gefühl von grenzenloser Verzweiflung und Ohnmacht kennt sie. Noch vertrauter aber ist das Nicht-Gefühl. Die Leere. Auch den Ausschlag auf den Händen kennt sie. Sie ist verletzt. Schwer verletzt. Trotz der Spaltung. Wegen der Spaltung. Von nun an wird sie nie mehr trampen. Sie kann allein nicht mehr in die Natur. Wenn sie es doch muß, aus politischen »Notwendigkeiten«, pocht ihr Herz, und sie schwitzt. Nicht nur hinter der Waldmauer könnte jetzt ein böser Mann stehen. Nun verbergen sie sich hinter jedem Grashalm. Wann immer sie außer Rufweite anderer Menschen kommt. Die Natur ist dem früheren Indianerjungen zum Feind geworden. Die Hilferufe hatte niemand gehört.

Wenn mein verdammter Vater nicht systematisch sexuelle Manipulationen an meinem Körper vorgenommen hätte, wenn er mein Vertrauen und meine Liebe nicht mißbraucht hätte, um eine sexualisierte Atmosphäre zu schaffen, dann hätte ich lernen können, mein inneres Land zu schützen. Die Sonne muß nicht schwarz scheinen, wenn die eigenen Gefühle und Wahrnehmungen erlebt werden dürfen, ohne daß ein Kind dadurch in eine innere Katastrophe gerät.
Ich hätte lernen können, mir selbst zu vertrauen. Ich wäre schon, nachdem ich die Handschuhe sah, diesen Ton in der Stimme des Vergewaltigers hörte, in der Stadt aus dem Auto gestiegen. Ich machte mir damals Selbstvorwürfe, warum ich im Auto blieb. Heute weiß ich es. Ich kann jetzt erst beginnen, an meiner Gefühls- und Wahrnehmungsfähigkeit zu arbeiten. Meine Grenzen zu wahren, mich zu schützen. Mein Vater hat mich schwer verletzt.

Verliebt

Zweimal hat sich die Jugendliche verliebt. In Genossen, die zehn und fünfzehn Jahre älter sind als sie. Jedesmal bleibt die Liebe platonisch, unglücklich und unerwidert. Sie mauert den Sockel der Männer hoch bis zur Unerreichbarkeit. Idealisiert und liebt sie. Tut alles, um ihnen zu gefallen. Sie mögen die Jugendliche. Als Genossin, aber nicht als Frau. So bleibt sie allein. Ihr Körper ist verlassen, muß funktionieren. Manchmal versucht sie sich in der Sexualität. Dem einen Mann kotzt sie ins Bett. Die Bettdecke droht sie zu erdrücken wie schwerer Beton, während er sie berührt. Sie würgt und erbricht sich, rennt davon. Mitten in der Nacht. Hinterher muß sie sich immer waschen. Der Dreck geht nicht ab. Auf den nassen Fleck im Bett des palästinensischen Genossen legt sie ein Handtuch. Damit sie schlafen kann.

Sie kennt keine Frau, der es geht wie ihr. Das kann sie sich nicht erklären, warum sie so komisch ist. Warum ihr das nicht gefällt, was alle *anderen* doch schön zu finden scheinen. Dabei hatte sie doch einen Vater, der etwas von Aufklärung und Kindererziehung verstand. Eine Mutter, die mit Kindern arbeitete. Ihre Kindheit war doch behütet und relativ glücklich. Es muß an ihr liegen. Irgend etwas stimmt nicht mit ihren Gefühlen und ihrem Körper. Ihr Platz ist im Widerstand. Che berührt ihr Herz. Sie braucht keine »Beziehungskisten«.

Die erkennungsdienstliche Behandlung

Vor der Schule geht sie in den Supermarkt. In den Bastkorb legt sie Rumpsteaks, Kaffee und Butter. Sie nähert sich dem Ausgang. Der Ladenleiter steht verborgen vor der Tür. Er packt sie, hält sie, schleppt sie in sein Büro. Die Jugendliche ist zum zweiten Mal beim Klauen erwischt worden. Die Polizei kommt. Natürlich macht sie keine Aussage. Sie kennt ihre Rechte genau.

Als der Computer ihre Daten ausspuckt, bekommen die Streifenpolizisten glänzende Augen und werden nervös... BeFa 7, das bedeutet beobachtende Fahndung, Abteilung terroristisches Umfeld. Sie wird in die Polizeistation gebracht. Muß eine Stunde warten. Protokolle werden gefertigt, der junge Polizist telefoniert mit dem Polizeipräsidium. Sie sitzt schon nicht mehr auf diesem Stuhl, in diesem Zimmer. Sie schweigt und wartet. Dann bringen die Streifenpolizisten die jugendliche Ladendiebin zum Polizeipräsidium. Sie muß sich ausziehen, die Unterhosen herunterziehen, ihre Kleider werden durchsucht. Voll Scham läßt sie die fremde Frau ihren Körper betrachten.

Sie wird in den Raum zur erkennungsdienstlichen Behandlung geführt. Sie weiß, daß es hier nicht um einen Korb mit Rumpsteaks, Kaffee und Butter geht. Es geht um ihre politische Identität. Sie wird keinen einzigen Fingerabdruck freiwillig hergeben. Sie kooperiert nicht mit einer Polizei, die sich dazu hergibt, Nazis zu schützen, die Demonstranten jagt und der Industrie hilft, Mehrwert anzuhäufen, und die linke und radikale Gegner auf langen schwarzen Listen führt. Nein. Sie macht nicht mit.

Unter ihr auf dem Holzstuhl sitzt ihr Körper. Ihre Gefühle haben sich verabschiedet. Nur der Schweiß und ein Zittern bleiben. Denn sie weiß, was auf sie zukommt. Sie legt die Brille auf den Schreibtisch. Mechanisch. Begleitet von zynischen Kommentaren. Die Streifenpolizisten warten im Raum. Kriminalbeamte sind da. Ein stadtbekannter Vertreter der politischen Polizei kommt. »Warum hat mich keiner gerufen? Ihr wißt doch, daß ich bei so was dabei sein will.« Der Abteilungsleiter wird geholt. Eine Frau hinzugezogen. »Vielleicht hört sie ja auf Frauen.« Nein, sie hört nicht hin. Versucht wegzuhören. Die harte Tour: »Wir hatten hier schon ganz andere Fälle, mein Fräulein. Das kann sehr schmerzhaft werden.« Die weiche Tour: »Sei doch vernünftig, die Daten werden doch wieder gelöscht, wenn du eine Eingabe machst, du tust dir doch nur selbst weh.«

Die Jugendliche zählt. Elf Leute sind jetzt im Raum. ELF! Der Minutenzeiger der Wanduhr wandert in Zeitlupe. Dann ist es soweit. Sie schleifen sie zur Waage. Sie läßt sich fallen, verhindert die Wiegerei. Sie wird zu Boden gepreßt. Vier Männer knien auf ihr. Auf jedem Bein und jedem Arm einer. Sie liegt bäuchlings auf dem kalten Steinboden, ihr Kopf wird heruntergedrückt. Ihr Herz klopft. Das rote Tier schreit. Auch aus ihrem Mund. »Halt's Maul«, wird sie angefahren. Ihre Faust ist geschlossen. Starr wie ihr ganzer Körper. Sie fühlt nichts mehr. Die können ihr nicht weh tun, auch wenn sie noch so sehr an ihrer Hand hebeln. Sie ist starr, so starr wie damals im Schuppen. So gespalten wie neben dem fremden Vater. Etwas wird über ihre Finger gestreift.

Durchdringender Schmerz. Sie versucht, die Fingerabdrücke zu verwischen, wenn sie aufs Papier gepreßt werden. Sie sieht die Beine des Mannes, der auf ihrem Oberarm kniet wie im Film. Unwirklich. Bis sie mit weichen, zittrigen Knien aufsteht. Ihr kleiner Finger ist taub. Ein halbes Jahr lang. Anschließend fahren zwei Beamte der politischen Polizei und die Streifenpolizisten mit ihr in ihre Wohngemeinschaft. Durchsuchen planlos die Wohnung. Sie bleibt zitternd und bleich darin zurück.

Schweigegebot

Mit dem Vater verbindet sie noch immer ein starkes Band. Der Liebe und des Hasses. Er hört nicht auf, sie mit seiner Sexualität zu konfrontieren. Subtil nähert er sich ihr an. Fragt sie über Männerbeziehungen aus, die sie aber kaum hat. Bei einem gemeinsamen Spaziergang zieht er sie ins Vertrauen. Er hat eine Geliebte neben der Mutter. Mit der ist es ganz anders im Bett. Die ist nicht frigide und verklemmt. Die läßt ihn als Mann so richtig aufblühen. Er erzählt von seiner Sterilisation, dies nicht zum ersten Mal. Von der Potenz, die er seitdem hat, weil die Hormone ja nun im Körper bleiben. Wie mühsam es ist, in der engen Kabine des Arztes zu onanieren, damit der das Sperma untersucht. Die Sterilisation ist fast fünfzehn Jahre her.
Die Jugendliche haßt diese Details und fühlt sich doch geehrt, so ins Vertrauen gezogen zu werden. Der Vater verstärkt diese Einstellung durch reichliches Lob über ihre Verständigkeit. Ebenso verweist er drastisch auf die »krankhafte« Eifersucht der Mutter, die unweigerlich zur Scheidung führen würde, wenn sie von der Geliebten wüßte. Sie hat das Gefühl, die Mutter zu verraten. In ein Schweigen gebunden zu sein, das ihr nicht behagt. Es ist ihr körperlich unangenehm, wenn der Vater immer wieder mit ihr über seine Sexualität spricht. Doch sie kennt nichts anderes, denkt, es läge an seiner freien Einstellung zur Sexualität und Liebe. Sie bewahrt das Geheimnis gegenüber der Mutter, will die Ehe der beiden nicht gefährden. Aber es liegt ihr wie ein Steinhaufen im Magen, daß sie zur Mitwisserin am Betrug gegen die eigene Mutter gemacht worden ist.

Die Schwester

Die große Schwester lehnt Gewalt als politisches Mittel ab. Auch wenn sie die Wut der kleinen Schwester über Staat, Militär und Ausplünderung der unterentwickelt gehaltenen Länder versteht. Mit ihr kann die Jugendliche über ihre Angst vorm Knast reden. Die Schwester hat versprochen, sie dort zu besuchen, falls es dazu kommt. Sie kennt die Angst, den Trotz, die Hoffnungen ihrer jüngeren Schwester. Auch einen kleinen Teil der vielen Geheimnisse, die sie bei sich bewahrt. Sie ist Verbündete, Geheimnisträgerin und Vertraute.

Sie besuchen sich gegenseitig. Dann kochen sie zusammen, gehen in Kneipen oder machen Ausflüge in die Natur. Oft fühlt sich die Jüngere in der Rolle der großen Schwester. Nun ist sie es, die Orientierung zu geben versucht, die es mit der Welt aufnimmt und mit FreundInnen der Älteren in der Wohngemeinschaft und der Universität Gespräche führt, die Bewunderung und Neid hervorrufen. Die Rolle ihrer großen Schwester hat sie auch gegenüber den Eltern übernommen. Sie vermittelt und harmonisiert zwischen Mutter und Vater, wie es einst die Ältere tat. Diese warnt davor. Es ist ein gefährlicher Stoff, aus dem der Kitt gemacht ist, den die Jüngere verkleben will. Mit Mutter und Vater zugleich läßt sich nur schwer paktieren. Der Älteren hat der Kitt das Herz verklebt. Sie hält sich da jetzt raus. Sie hat genug eigene Probleme.

Die große Schwester ist verliebt. Bis über beide Ohren. Da gibt es aber ein Problem. Der Geliebte ist Psychiater, verheiratet *und* der Therapeut der großen Schwester. Unerreichbar. Zum Glück!

Wenn die kleine Schwester nicht über Politik redet, dann spricht die große über ihre Therapie. Sie wechseln sich gerecht ab, jede darf mal erzählen. Wie in der Kindheit. Sie teilen sich ihre Ängste und Sorgen, ihre Hoffnungen und Wünsche. Wirklich zuhören und reden, das können beide nur schwer.

Die Ältere ist abgemagert. Dünn. Sie wandert von einem Arzt zum nächsten. Die Haare fallen ihr aus. Ihr Kreislauf ist schwach. Oft zittert sie. Sie hat Angst, vergiftet zu sein. Durch das Mutterkorn in ihrem Müsli. Die Diagnose ist immer dieselbe: psychosomatische Störung. Sie setzt all ihre Hoffnung in die Therapie.

Die Jüngere ist eher dick. Sie trägt einen Panzer, die Lederjacke ist nicht unbedingt nötig. Sie leidet unter Gefühlsverlust, den sie sich aber nicht eingesteht. Unter ihrem Dogmatismus, dem sie sich ausgeliefert fühlt. Unter der ständigen Anstrengung, sich behaupten, beweisen und rechtfertigen zu müssen. Unter ihrer Angst vor dem Staats- und Justizapparat.

Sie setzt all ihre Hoffnung in den Widerstand.

Beide Schwestern sind sich in diesen Jahren Freundinnen.

Teil V
Nach dem Tod der Schwester

Seelenmord

Zwischen den Fotos, die meine Schwester oder uns beide zusammen zeigen, liegt ein Brief. Ihr letzter Brief, mit einer Danksagung an meine Familie, ihre FreundInnen, die psychiatrische Station und vor allem an ihren Therapeuten. Bei ihrem Sprung in den Tod hatte sie den Abschiedsbrief mit dem Bild einer Ente, ihres Lieblingstieres, in einer kleinen Plastikhülle verpackt, dabei.

Seelenmord bedeutet für mich die Tötung der Gefühle und der Wahrnehmungsfähigkeit, der individuellen Persönlichkeit. Zurück bleiben – bei vollständiger Tötung der Seele – innere Leere, Sinnlosigkeit, Isolation. Ein Mensch kann damit existieren, funktionieren. Er kann sich anstrengen, den Alltag zu bewältigen, mit Sinn zu füllen, in Kontakt mit anderen Menschen und seiner Umwelt zu bleiben. Wofür?

Selbstmord kann eine Antwort auf diese Frage sein. Er tötet das Selbst, also Körper, Geist und Gefühle. Er ist das totale Ende. Des Leidens, der Ängste, der Schmerzen, der Zweifel und der Hoffnung. Der Mensch vernichtet sich selbst, sein Selbst und mit ihm die Einzigartigkeit seiner Geschichte, seines Charakters, seines Weltbildes. Er verläßt sich, die anderen Menschen, die Welt, für immer.

Ich habe dieses Buch nicht mit der Darstellung meiner Kindheit enden lassen. Ich konnte und wollte es nicht. Meine Seele und mein Selbst sind nicht tot. Ich kann fühlen, mich freuen, traurig sein. Ich kann meinen Körper spüren und kann denken. Ich bin nicht tot. Ich habe Hoffnung. Aber die Folgen des Angriffs auf meine Persönlichkeit sind gravierend. Sie haben eine Dimension, die ich erst langsam begreife und die mich erschreckt. Ich kann mir nicht vornehmen, Vertrauen, Gefühle und Körperempfindungen zu haben. Oder mein Mißtrauen und meine Kontrolle aufzugeben. Ich wünsche es mir, aber der Weg wird lang und mühsam sein, und ich weiß nicht, wohin er mich führt. Immerhin, ich habe überlebt. In vielen Büchern werden Mißbrauchsgeschädigte »Überlebende« genannt. Ich finde, der Begriff trifft auf mich doppelt zu. Neben den Entwicklungsstörungen durch den sexuellen Mißbrauch, den Folgen des Traumas, habe ich auch den Selbstmord meiner Schwester überlebt. Diese Verletzung ist am schlimmsten, heute mehr denn je. Weil ich glaube, sie hätte weiterleben und von ihrer Psychose heilen können. Sie hatte eine Chance, für die es nun zu spät ist. Meine Schwester hat sich in ihrer Therapie nicht an sexuellen Mißbrauch erinnert. Für sie blieben die Vermutungen, die sie hatte, »bösartige Hirngespinste«. Es wäre die Aufgabe ihres Therapeuten gewesen, ihr dabei zu helfen. Ich nehme an, er hat sie nicht genug darin unterstützt, sich selbst zu glauben. Inwieweit er es sogar verhindert hat, weiß ich nicht. Wenn es so war, dann wäre er nur einer von vielen Psychologen und Psychiatern in diesem Land, die sich *der Realität* und den Folgen sexuellen Mißbrauchs nicht stellen, obwohl es ihre Aufgabe und Verantwortung ist.

Ich vermisse meine Schwester. Sie fehlt mir. Es ist schlimm, daß unser Vater ihre Psychose und damit ihre totale Verzweiflung verursachte. Aber ich fürchte, es ist wahr. Psychosen und Suizid sind mögliche Folgen sexuellen Mißbrauchs. Kurz vor meiner Erinnerung hatte ich das Gefühl, verrückt zu werden. Meine Freundin mußte mir versprechen, mich in der Psychiatrie zu besuchen, falls sie mich dort zusammenleimen würden. Ich fragte meine Therapeutin nach einer Diagnose, weil ich meinen Zustand nicht mehr aushielt und nicht einordnen konnte. Der Grund war, daß ich die Verdrängung aufzuheben begann, die mich als Kind davor geschützt hatte, verrückt zu werden. Meine Schwester erinnerte sich bis zu meinem letzten Besuch kurz vor ihrem Selbstmord nicht an ihre Kindheit. Die eigene Geschichte läßt sich nicht verleugnen. Sie drängt auf vielen Wegen ans Licht. Bei meiner Schwester vermute ich darin die Ursache für die Psychose, die sie während ihrer Therapie entwickelte.

Ich kann für mich sagen, daß das Fehlen von Erinnerungen

quälender ist als das Wissen um die Wahrheit. Es gibt viele, die sexuellen Mißbrauch erlebten und sich nicht erinnern können. Sie sitzen vielleicht bei TherapeutInnen, die mit der Freudschen psychoanalytischen Trieblehre arbeiten. Von diesen wurde und wird realer Inzest als Wunschphantasie mißdeutet. Zum Glück ändert sich dies seit einigen Jahren, und immer mehr Analytiker-Innen arbeiten auf Aufdeckung der Erlebnisse hin.

Ich hoffe, daß meine Geschichte Mut machen kann, die Hoffnung nicht aufzugeben, auch wenn die Lebenssituation so brutal und aussichtslos erscheint wie bei meiner Schwester. Ich glaube fest, daß es am Ende der meisten Sackgassen einen Fußpfad gibt, der weiterführt.

In Deutschland gibt es jährlich etwa doppelt so viele Selbstmorde wie Verkehrstote. Das ist eine traurige, verdrängte Wahrheit. Ich vermute, die fehlende Öffentlichkeit hat mit der Angst vor dem Tod und dem TABU des Selbstmordes zu tun, mit der Verdrängung dieser Realität aus den Köpfen und Herzen der Menschen in unserer Gesellschaft. Im Gegensatz zum sexuellen Mißbrauch ist dieses »Thema« selten Gegenstand von Veröffentlichungen in Zeitschriften und Büchern.

Meine Bekannten und FreundInnen waren oftmals nicht in der Lage, die Sprachlosigkeit zu überwinden und mich beim Trauern zu begleiten. Ich war unfähig, ihnen zu vermitteln, welche Hilfe ich mir wünschte. Für unsere Generation fehlen Verhaltensweisen, die Trauern und Mitgefühl ermöglichen. Wer trägt noch Schwarz? Wem sagen die sterilen Leichenhallen, die Reden der Pfarrer und die penibel vom Unkraut gereinigten, mit Kies oder glänzendem Marmor verdeckten Gräber zu? Mir jedenfalls nicht, und auch unter meinen FreundInnen wüßte ich niemanden. Das macht den Abschied schwerer. Ich weiß kaum Antworten auf die Frage, wie die persönliche und gemeinsame Auseinandersetzung mit Tod und Selbstmord einen Platz im Leben haben kann. Ich weiß nur, sie ist nötig. Und möglich, wenn auch hier TABUS gebrochen werden. Sexueller Mißbrauch findet statt, es darf nur nicht darüber gesprochen werden. Menschen töten sich, weil sie das Leben nicht aushalten. Auch darüber wird nicht geredet.

Weil die offene Auseinandersetzung eine Chance sein kann, gegen sexuellen Mißbrauch vorzugehen und Selbstmordgefährdete oder Hinterbliebene von der gesellschaftlichen Ächtung und von der Sprachlosigkeit zu befreien, schreibe ich. Ich bin nicht die einzige Schwester, die den Verlust von Geschwistern durch Selbstmord verarbeiten muß und zugleich vom sexuellen Mißbrauch betroffen ist. Wenn dieses Buch auch nur etwas mehr zum Verständnis beiträgt, wenn es einen Impuls gibt, mit den Tabus im Alltag zu brechen, freue ich mich.

Gefühlsleere oder:
Das letzte halbe Jahr

»Ich möchte dir erzählen, warum ich in der geschlossenen Station des psychiatrischen Krankenhauses bin«, sagt meine Schwester. Wir sitzen in einer kleinen Gaststätte neben dem Gelände der psychiatrischen Anstalt. Von hier aus sehen wir hinter Maschendrahtzaun alte Bäume in dem Park stehen, in dem die einzelnen Häuser und Stationen der Klinik untergebracht sind. Von meiner Schwester weiß ich, daß hier in der Zeit des Nationalsozialismus psychisch Kranke bei Experimenten gequält und ermordet wurden. Von außen sieht das Gebiet eher idyllisch aus. Da gibt es hohes Gras, Pfade, Kieswege, eine Kapelle, und nahebei beginnt der Wald. Was hinter den Mauern der offenen und geschlossenen Stationen geschieht, kann ich nur ahnen. Die Station meiner Schwester ist nur durch eine vom Klinikpersonal kontrollierte Tür zu passieren. Von einem kahlen, langen Flur gehen seitlich Türen ab, hinter denen sich Mehrbettzimmer befinden.

Meine Schwester muß ihr Zimmer mit zwei anderen Frauen teilen. Da stehen drei Krankenhausbetten, ein winziger Tisch, weißlackierte Nachtschränke aus Metall. Auf dem Bett meiner Schwester sitzt ihr großer, zotteliger Teddybär, den sie sich letzte Weihnachten von meiner Mutter wünschte. An der Wand darüber hängen selbst gemalte, sehr ausdrucksvolle Bilder. Privatraum auf ein mal zwei Meter, von den Blicken der Zimmernach-

barinnen nicht abgegrenzt. Sie leidet darunter, das erzählt sie.
Die Lebensgeschichten ihrer MitpatientInnen beschäftigen sie,
die meisten sind seit Monaten oder Jahren in der Station, manchmal unterbrochen durch kurze Aufenthalte »draußen«. Meine
Schwester ist nun zum zweiten Mal hier, und das bereits seit
einigen Monaten. Sie hat große Angst, immer öfter und immer
länger in dieser Station bleiben zu müssen. Die einzige Abwechs-
lung, die ihr richtig Spaß macht, ist die Beschäftigungstherapie.
Sie kann die Station verlassen, im Gegensatz zu den meisten anderen dort. Sie ist »freiwillig« hier. Der freie Wille ist nicht wört-
lich zu verstehen. Wäre sie nicht gegangen, hätte ihr Therapeut
sie zwangseingewiesen, erzählt sie mir. So stand sie vor einer Alternative, die keine war, und willigte in die stationäre Behandlung ein. Eine durchaus übliche Praxis, soweit ich weiß.
»Weißt du, ich wollte nicht mehr leben«, sagt sie. »Ich glaube
auch jetzt noch nicht, daß ich weiterleben will.«
Ich sehe meine Schwester an. Sie sitzt vor dem Couscous, in dem
sie lustlos herumstochert. Sie sieht angespannt und aufgeregt aus.
Ihre Stimme ist gepreßt und tonlos, genau wie meine, wenn ich
über schlimme Dinge reden muß, die mich sehr betreffen. Wenn
die Gefühle fehlen, stirbt die Stimme.
»Vor drei Monaten war ich auf allen Hochhäusern dieser Stadt.
Viele sind zum Dach hin verschlossen, die Fenster in den oberen
Stockwerken sind zu. Ich will nicht, daß ein Kind mich findet.
Die meisten Häuser stehen aber in Wohngebieten. Dann habe ich
doch ein Gebäude gefunden. Ich stand oben und wollte springen.
Ich habe mich nicht getraut. Ich habe Briefe geschrieben und zer-
rissen. Ich hielt meine Ängste und Phantasien nicht mehr aus,
wollte sterben. Meinst du, wenn ich auf ein Vordach falle, denn
da ist eins an dem Gebäude, daß ich dann vielleicht nicht sterbe,
sondern nur schwer verletzt im Koma liegen muß?«
Ich weiß es nicht. Keine Ahnung, wie das mit Vordächern ist,
wenn man darauf stürzt. Wie stabil sie sind. Ich weiß überhaupt
nichts. Was soll ich jetzt sagen, wie kann ich ihr helfen? Ich bin
sehr erschrocken. So ernst und gefährlich klang es noch nie, wenn
sie davon sprach. Ich fühle nichts und denke nichts, in meinem
Inneren ist Leere und eine große Anspannung. Wir haben beide

unsere Gefühle getötet, jetzt sitzen wir hier und reden ohne jede sichtbare Bewegung über ihren Tod. Meine Gedanken rasen. Was soll ich sagen? Ich bemerke: »Es muß etwas gegeben haben, das dich am Springen hinderte. Daran kannst du doch weitermachen, darauf aufbauen. Da ist doch Lebenswille. Eine Chance.« Meine Schwester nickt. Aber sie wirkt nicht überzeugt. Genausowenig, wie mich mein Satz beeindruckt. Wenn es doch die Angst vorm Sterben war, die sie hinderte?

Ich verspreche ihr, gegenüber unserer Familie zu schweigen. Ich verspreche ihr, sie nicht im Koma an Apparaten vegetieren zu lassen. Ich verspreche ihr, mich um unsere Eltern zu kümmern, falls sie stirbt. Ich sitze vor ihr und versuche mir vorzustellen, wie das wäre. Ich kann es nicht. Sehe nur ihre Blässe, ihr schmales Gesicht, kann nichts fühlen. Sie ist froh, daß ich es weiß, sagt sie. Sie wollte mich ein letztes Mal besuchen kommen, als sie auf den Gebäuden war. Da hatte ich keine Zeit. Ich war mit der Vorbereitung für einen westeuropäischen antiimperialistischen Kongreß beschäftigt. Es tut mir so weh. Ich war nicht da, als sie mich brauchte. Dafür fuhr sie zu ihrer Freundin. Der hatte sie versprochen, sie zu besuchen, wenn sie sterben wolle. Ihr eine Chance zu geben, sich selbst eine Chance zu lassen vor der letzten Entscheidung. Der Freundin bin ich dankbar. Sie hat das Leben meiner Schwester um ein halbes Jahr verlängern helfen können. Ich wünschte, so hätte auch ich damals reagiert. Ich konnte es nicht.

Dieses Geheimnis hat mich gequält wie kein anderes in meinem ganzen Leben. Ich wußte, daß ihr Therapeut informiert war. Ich hoffte auf seine Hilfe und Heilkunst. Überfordert und allein war ich, gerade einundzwanzig Jahre alt. Ich hatte keine Ahnung von Psychosen und Therapien, wußte nicht, was ich tun oder lassen sollte, um meiner Schwester zu helfen. Ich verdrängte den Gedanken an ihren Tod aus meinem Alltag. Sie lebte weiter.
Ich versuchte, indirekt mit meinen Eltern darüber zu reden. Ihnen zu verdeutlichen, daß meine Schwester wirklich sehr krank war. Meine Mutter begann sich zu sorgen, besuchte meine Schwester in der Psychiatrie. Mein Vater leugnete die Krankheit. Er warf meiner Mutter immer wieder »overprotection« vor. Verhinderte,

daß sie von einer Bekannten Literatur über psychotische Entwicklungen bekam. Sein Standardsatz lautete: »In meiner Jugend hatte ich auch schwere psychotische Phasen, ich bin sogar ohne fremde Hilfe gesund geworden.« Bei einem dieser Gespräche brüllte ich vor Wut. Er hatte *nichts* erlebt, was der Psychose meiner Schwester nur annähernd ähnelte, das wußte ich.

Meine Therapeutin fragt: »Du durftest erst nach ihrem Tod darüber sprechen?« Mein »Ja« wird zum gebrochenen Laut, ich nicke. Tränen füllen meine Augen. Es ist die dritte Stunde, in der ich mit dieser Frau rede. Ich versuche, ihr begreiflich zu machen, wie sich die Krankheit meiner Schwester ausdrückte. Warum ich mich schuldig an ihrem Tod fühlte. Immer wieder quäle ich mich mit Selbstvorwürfen. Warum wurde sie psychotisch, warum werde ich es nicht? Warum ist sie tot, und ich lebe noch? Ich bin auf der Suche nach Erklärung und Verständnis für ein Schicksal, das nicht wirklich erklärt und verstanden werden kann.

Ich habe meine Schwester nach diesem Besuch noch einmal gesehen. Da war sie zuversichtlich. Sie erzählte viel von einer Stationsschwester, die sich eine Nacht lang Zeit nahm, mit ihr zu sprechen, als die Phantasien sie wieder quälten. Ich erlebte ihre Psychose ganz direkt: Wir liefen in ihre Wohnung, dort wollte sie mir Kaffee kochen. Das Wasser mußte sie dreimal aus der Maschine schütten aus Angst, sie könne mich vergiften. Als wir weggehen wollten, mußte sie unzählige Male Steckdosen und elektrische Geräte kontrollieren, sie fürchtete, das Haus könne abbrennen. Zweimal stieg sie die Treppe noch hoch, nachdem wir die Wohnung verlassen hatten, um sich zu vergewissern, daß die Tür wirklich abgeschlossen war. Ich versicherte ihr, daß alles in Ordnung sei, es half nichts. Sie mußte das *Unkontrollierbare kontrollieren.*
Dann erzählte sie mir von einer Zwangsvorstellung, die sie zwei Tage zuvor hatte, von der sie sich nicht befreien konnte: Seit einem Monat hatte Tschernobyls Reaktor große Teile Europas verseucht. Meine Schwester ging spazieren. Sie lief durch einen städtischen Park, begegnete einem Liebespaar, dachte bei sich,

daß alles verstrahlt sei. Die Warnschilder standen damals auf den Wiesen und Spielplätzen. Sie begegnete einem kleinen Mädchen am Teich des Parks. Sie stieß es in den Teich, drückte es unter Wasser, bis das Kind ertrank. Sie hatte es ermordet, daran glaubte sie – mit einem Teil ihres Bewußtseins. GLEICHZEITIG wußte sie, daß sie phantasierte, während sie spazierenging. Ich begann zu verstehen, wie quälend es sein muß, mit diesen Phantasien voll Aggression und Schuld zu leben. Ich wußte mir keinen Rat, als ihr anzubieten, gemeinsam am Teich nachzusehen. Wir liefen zu dem Park. Als meine Schwester ernst, ängstlich und aufgeregt die Uferböschung ablief, sich unter den Steg beugte und suchte, bekam ich Angst. Ich konnte mir fast vorstellen, daß dort ein kleines totes Mädchen im Wasser schwamm. So überzeugend war die Furcht meiner Schwester, daß ich allen Mut brauchte, ihre Ängste mit ihr auszuhalten.

Später, nach ihrem Tod, sagte ihr Therapeut, sie habe das kleine Mädchen umgebracht, das sie selbst einmal war. Ich fand das zusammenkonstruierten Mist. Ich wußte noch nichts von kleinen Mädchen, denen man im Schuppen oder am Teich begegnet. »Das Kind in einem selbst« war für mich eine schöne literarische Redewendung, mehr nicht.

Solche Phantasien häuften sich. Meine Schwester hatte Angst, einen Mann in der Herrentoilette ermordet zu haben. Sie hatte Angst, Dinge getan und gesagt zu haben, die andere verletzten, von denen sie nichts mehr wußte. Sie war voll Schuld und Haß. Schämte sich wegen ihrer Phantasien. Fand keine Erklärung für ihre Krankheit, fühlte sich dieser ohnmächtig ausgeliefert. Ihre Angst wuchs, von den Psychopharmaka abhängig zu werden, die ihr Therapeut ihr verschrieb. Dieser war zu dem Zeitpunkt Stationsarzt auf der Geschlossenen, in der meine Schwester lebte. Vorher hatte er frei praktiziert. Sein Wechsel in die Psychiatrie und ihre Einweisung fielen zeitlich zusammen, soweit ich mich erinnere. Sie liebte und verehrte ihn, wenn auch zunehmend mit Kritik durchsetzt. Ihre wöchentliche Stundenzahl bei ihm hatte er reduziert, und sie mußte ihn mit den anderen PatientInnen der Station teilen. Er selbst schlug vor, daß sie den Therapeuten wechseln solle, sie ging für einige Wochen in die psychosomatische Klinik einer anderen Stadt. Ihr Therapeut zog einen Kollegen zu den Sitzungen hinzu. Letzten Endes scheiterten diese Versuche. Sie blieb in der psychiatrischen Station, und er versuchte, ihr zu helfen. Meine Schwester hatte Angst, ihr Leben dort verbringen zu müssen. Das konnte ich verstehen. Ich hatte den Eindruck, daß man dort nur krank werden oder bleiben kann. Die sterile, lieblose Atmosphäre, das offensichtliche Leiden der LangzeitpatientInnen und die von Psychopharmaka gedämpfte Stimmung erschütterten mich. Ja, ich konnte verstehen, daß meine Schwester nicht aushalten wollte. Von der Gesellschaft abgeschoben, dieser Institution und ihren MitarbeiterInnen überantwortet, leben dort manche PatientInnen jahrelang ohne Kontakt zu Angehörigen, Freunden, Bekannten *draußen*. Der Rhythmus des Alltags schlägt einen anderen Takt. Das Leiden ist wie in einem Prisma konzentriert. Meine Schwester erzählte mir von einer Jugendlichen, die versucht hatte, sich umzubringen. Von ihrer Zimmernachbarin, wegen deren Selbstgesprächen sie oft nicht in Ruhe denken, malen oder schlafen konnte. Ich verstand die Verzweiflung und Hoffnungslosigkeit meiner Schwester, versuchte ihre Entscheidung, zu leben oder zu sterben, zu respektieren. ABER: Als sie starb, war *alles anders*.

Sie hat es wirklich getan

Gefrorne Tropfen fallen von meinen Wangen ab;
ob es mir denn entgangen, daß ich geweinet hab?
Ei Tränen, meine Tränen, und seid ihr gar so lau,
daß ihr erstarrt zu Eise wie kühler Morgentau?
Und dringt doch aus der Quelle der Brust so glühend heiß,
als wolltet ihr zerschmelzen des ganzen Winters Eis!
Schubert, »Winterreise«

Es ist Nacht, ich schlafe. In meinem Mansardenzimmer schreckt mich die Klingel auf. Verschlafen stehe ich im Treppenhaus, auf Schlimmes gefaßt. Denn wenn es läutet, während ich schlafe, rechne ich immer mit der Polizei.

Erleichtert sehe ich Freund und Freundin aus dem Fahrstuhl steigen. Ich freue mich. Bis vor kurzem wohnten wir zusammen. Mich hält es nicht lang an einem Ort. Fünf Umzüge in vier Jahren. Der letzte, weil ich im politischen Widerstand meinen Platz nicht mehr finde. An meiner Orientierungslosigkeit, Härte und Angst verzweifle. Deshalb freue ich mich, die beiden bei mir zu sehen. Sie sind bedrückt. Komisch. Kommen in mein Zimmer. Mein Freund sagt es mir: »Deine Eltern haben in unserer Wohngemeinschaft angerufen. Weil du doch noch kein Telefon hast. Deine Schwester hat sich umgebracht, sie ist tot.«

Der Film läuft. Mein Zimmer wird unwirklich. Ich bitte um eine Zigarette. Was fühlt und sagt man, wenn die eigene Schwester sich umbringt? Ich weiß es nicht. Durch meinen Kopf hämmern nur im tödlichen Takt die Worte: *Sie hat es also gemacht. Sie hat es also gemacht. Sie ist tot. Sie hat es also gemacht.*

»Von einem Hochhaus ist sie gesprungen«, sagt mein Vater weinend, als ich den Hörer in der Telefonzelle an mein Ohr presse. »Unser Kind!« Ich bin betäubt. Stehe unter Schock. Aus dieser Telefonzelle habe ich am Abend versucht, meine Schwester anzurufen. Da war sie nicht im Haus, ihr Name stand – zum ersten Mal – nicht im Ausgangsbuch der Station. Sie lebte zu diesem Zeitpunkt noch. Eine halbe Stunde hat sie noch gelebt.

Meine Freunde fahren mich in die Stadt, in der meine Schwester wohnte. Nach einstündiger Fahrt erreichen wir das Haus meines Onkels im Vorort dieser Stadt. Dort stehen meine Eltern Hand in Hand in der Dunkelheit. Geblendet vom Scheinwerferlicht unseres Autos erwarten sie meine Ankunft. Mein Bruder hat sie hingefahren, ist schon wieder fort.

Ich bin mit meinen Eltern allein. Ich will das Versprechen einlösen, das ich meiner toten Schwester gab. Ich möchte meinen Eltern helfen.

Wir halten es im Haus nicht aus. Laufen durch die Nacht über Feldwege und durch den Wald, bis der Morgen graut und der neue Tag beginnt. Mein Vater redet. Meine Mutter ist still. Nur einmal schüttelt sie ein Schluchzen: »Ich höre immer ihre ersten Schreie nach der Geburt im Kreißsaal.« Noch haben wir nicht begriffen, daß meine Schwester tot ist.

Bald darauf wird es wahr. Wir stehen um sieben Uhr morgens vor dem gerichtsmedizinischen Institut. Wir warten. Da drin, irgendwo in diesem Haus ist meine Schwester. Tot.

»Ich rate Ihnen dringend ab«, sagt der Weißkittel mit Borstenhaarschnitt und Mallorcabräune, »den Anblick werden Sie Ihr Leben lang nicht vergessen.«

Das wissen wir selbst. Wir haben in der Nacht darüber geredet. Ich bin auf ALLES gefaßt nach ihrem Sprung in die Tiefe. Der Mann redet auf uns ein, hält uns hin, bis ich wütend werde. Ich will von meiner Schwester Abschied nehmen. Das weiß ich. Das sage ich.

Der Weißkittel redet mit seinem Kollegen: »Machen Sie sie fertig!« Was auch immer das heißt. Wir warten. Die Zeit dehnt sich, macht aus Minuten Zeiträume, die das Weltall füllen. Es ist, als sei ich gar nicht hier. Der Film läuft. Ich habe Angst um meine Mutter. Sie nimmt ihre Kreislauftropfen. Ich fürchte, sie könnte zusammenbrechen und auch sterben. Ich stehe unter Schock. Mitten im nächsten Trauma meines Lebens. Warte darauf, meine Schwester zu sehen. Sie befindet sich in keinem Zimmer, sondern im Keller. Leichenkeller. Sie ist ja tot.

Eine schmale Treppe führt stufenweise in den weißgetünchten, neonbestrahlten fensterlosen Kellerraum. In der Mitte des kleinen Raumes steht ein Tisch. Auf dem liegt ein tablettartiges Metall. Darauf sehe ich meine Schwester. Ihr Körper ist mit einem weißen Kreppapier umwickelt. Ein Laken haben sie darüber gelegt. Mein Herz klopft. Ich gehe zu ihr, stehe auf ihrer rechten Seite, neben meiner Mutter. Sehe ein letztes Mal ihr Gesicht. Da ist kein Schmerz, ich sehe nur ihre staunend geweiteten Augen. Blaß ist ihre Haut, die Haare sehen seltsam leblos aus.

Ich wäre gern allein mit ihr. Mich drängt es, mit ihr zu sprechen. Aber der Mann im Weißkittel wartet und räuspert sich. Und da sind meine Eltern. Meine Mutter hebt vorsichtig und ungläubig das Laken über den Füßen meiner Schwester hoch. Streicht ihr über Stirn und Haar. Auch mein Vater berührt sie. ICH WILL NICHT, DASS ER SIE ANRÜHRT!

Ich weiß nicht, weshalb. Soll er doch Abschied nehmen. Meine Mutter faßt sie doch auch an. Ich nicht. Da hockt das rote Ungeheuer in mir und beginnt schmatzend an mir zu fressen. Aber ich will meinen Eltern eine Stütze sein. Alt sehen sie aus, so alt waren sie noch nie. Beide legen im Fortgehen ihren Arm auf mich. Ich stemme mich gegen diese Last, tapfer und verzweifelt. So vermeide ich, auf meine Gefühle zu treffen. Die liegen auf Eis, wie meine tote Schwester im Kühlfach. Auf dem Weg vorm Haus bleiben wir stehen. Zwischen meinen Eltern stehend sage ich still in Gedanken, die die Mauern bis in den Keller durchdringen sollen: »Tschüs.«

Ihr Gesicht ist in mir eingegraben. Ich habe es in vielen Träumen und Trauerstunden vor mir gesehen. Es war gut, daß ich meine Schwester sah. Ein erster Schritt auf meinem langen Abschiedsweg von ihr. Es war tröstlich, daß kein Schmerz in ihren Zügen lag. Sondern ein unendliches Staunen.

Im Polizeipräsidium

Wir fahren zur Polizei. Mordkommission. Auf der Hinfahrt ertrage ich meinen Vater nicht, seinen Fahrstil, die Art der Parkplatzsuche, seine Stimme. Ich schäme mich für meine Aggression gegen ihn. Wir wollen wissen, wo meine Schwester sich ihr Leben nahm.

Ein jovialer pfeiferauchender Kriminalbeamter bearbeitet den »Fall« meiner Schwester. Ich rechne es meinem Vater an, daß er sagt: »Meine Tochter ist kein Fall.« Wir erhalten die Adresse des Gebäudes. Ich frage, ob sie einen Brief hinterließ. »Ja, es gibt ein Schriftstück«, sagt der Beamte, »aber das ist asserviert und noch nicht freigegeben.«

Ich schäume vor Wut. Bestehe darauf, den Brief wenigstens vor Ort lesen zu können. Da macht er uns eine Kopie. Ich halte den handgeschriebenen Abschiedsbrief meiner Schwester in meinen Händen wie einen kostbaren Schatz. Setze mich auf die Holzbank im Flur der Mordkommission, beginne zu lesen. Vom

Fahndungsplakat gegenüber an der Wand sehen mich die Gesichter der gesuchten GenossInnen an. Ich lese, suche den Brief ab, drehe jedes Wort um nach einem Satz und einer Erklärung für mich. Aber der Text bleibt der gleiche, wirbelt mir fetzenweise durch den Kopf. Er ändert sich nicht, sooft ich ihn auch lese.

Das Gebäude

Wir stehen vor dem Gebäude, dessen Adresse ich in meiner verschwitzten Hand halte. Der Gebäudekomplex ist durch mehrere Verbindungsgänge zusammengefügt. Er ist groß. Die Sonne scheint schwarz, es ist Juni. Wir laufen über den Rasen, suchen den Weg, auf dessen Steinen meine Schwester starb. Mein Vater regt mich unerträglich auf. Ich weiß nicht, warum. Aber es ist so.

Das Haus ist hoch. Wir haben die Stelle gefunden. Um von der Einfahrt aus den Himmel zu sehen, muß ich den Kopf weit zurück in den Nacken legen. Dann scheint es mir, als ob die glatte graue Betonfassade mir entgegenrutsche. Hinter den Bürofenstern beobachten uns verdeckt und neugierig Angestellte. Einer von ihnen hat am Abend zuvor meine Schwester gesehen, wie sie hier stand und nach oben schaute. Zehn Minuten später hörte er den Aufprall und fand sie blutend und tot auf den Steinen.
Ich beachte diese Leute hinter den Scheiben nicht weiter. Ich sehe nur auf den Fleck. Ein rotbrauner Fleck, der bezeugt, daß meine Schwester an dieser Stelle starb. Ich wäre gern traurig. Möchte etwas fühlen. Das einzig Spürbare ist das rote Tier, das sich daran macht, mich genüßlich zu zerfleischen. Denn neben dem Fleck hockt mein Vater. Seine rechte Hand streicht über das Blut meiner Schwester. In seiner linken hält er einen Backenzahn von ihr. Ich ertrage das nicht. ICH HASSE IHN SO SEHR. Ich spinne. Total verrückt. Verstehe mich nicht. Statt voller Trauer bin ich voll Haß. Meine Gefühle sind so falsch wie noch nie. Ich will hier weg. In der warmen Morgenluft stauen sich Tod und Gewalt.
Ich sehe das Vordach, von dem meine Schwester mir erzählte. Nun denke ich zum ersten Mal: Ich bin schuld an ihrem Tod.

Der Psychiater

Das rote Tier verläßt mich nicht mehr. Saugt an meinem Inneren wie eine fette, gierige Zecke. Feindlich betrachte ich mein Gesicht im Spiegel der Besuchertoilette der Psychiatrie. Reiße mir Härchen aus, die mir wie meiner Schwester am Kinn wachsen. Zwanghaft. Ich habe eine heftige Abneigung gegen dieses Gesicht, das mich starr und bleich im Spiegel fixiert.

Mehr als eine Stunde müssen wir warten, bis der Therapeut meiner Schwester uns in sein Büro bittet. Ich sehe ihn zum ersten Mal, hatte ihn mir anders vorgestellt. Mein Vater dominiert das Gespräch. Erzählt von seiner schweren Kindheit und Jugend, seinen angeblichen Depressionen und psychotischen Episoden. Er scheint nicht zu wissen, wie die Psychose meine Schwester quälte. Um ihn geht es. Der Therapeut reagiert professionell. Auch wenn ich keine Ahnung von psychologischen Techniken habe, spüre ich die Distanz und Künstlichkeit der Situation, die er herstellt. Ich komme mir vor wie im falschen Film. Sitze auf meinem Sessel und frage diesen Mann, den meine Schwester so sehr liebte, was ihr Tod bei ihm bewirke. Ich duze ihn, um diese glatte, spiegelnde Fassade einzureißen. Er antwortet, es sei schwer für ihn. Er sah sie auch, um sie für die Polizei zu identifizieren.

Im Bestattungsinstitut

Es ist früher Nachmittag. Dieser Tag streckt und dehnt sich, er ist von der Zeit losgelöst, gehorcht anderen Gesetzen als denen von Raum und Zeit, fremden, unverständlichen Regeln, denen ich unterworfen und ausgeliefert bin.

Der Mann, der uns mit Handschlag begrüßt und fragt, wie er uns helfen kann, ist alt. Er hört uns zu, mit einer solchen Beteiligung, daß ich beginne, meine Trauer zu spüren. Er sieht mich an. Ich spüre, wie er sich aus meinem Bild ein inneres Bild meiner Schwester fügt. So empfinde ich von nun an oft, wenn ich diese Blicke bemerke.

Die Särge stehen in einem kleinen Raum. Buche, Eiche und Kiefer sind zu Brettern geschnitten und kunstvoll verarbeitet worden. Von Lack und Verzierungen überzogen. In solch einen Sarg also soll meine Schwester gelegt und dann vergraben werden. Meine Eltern und ich wählen denselben Buchensarg.

Dann überrascht mich die Frage nach der Kleidergröße meiner Schwester. Es geht um das Totenkleid. Aus weißem Stoff, mit Spitzen besetzt. Mit einem solchen Kleid habe ich nicht gerechnet, kenne es nur aus Märchen. Weiß nicht, daß dies heute noch üblich ist. Meine Schwester trug fast nie Kleider, genau wie ich. »Ich möchte, daß sie ihre Jeans und einen Pullover trägt«, sage ich. Doch meine Mutter weint. Das Kleid erinnert sie an Brautkleider, wenigstens im Sarg soll meine Schwester solch ein Kleid tragen. Das kann ich meiner Mutter nicht verwehren. Plötzlich höre ich die Stimme meines Vaters, wehleidig und furchtbar bekannt: »*Ziehen Sie meine Tochter bitte vorsichtig an. Sie war so empfindlich mit ihrem Körper.*«

Das rote Tier ist kein Tier mehr. Es verwandelt sich kurzfristig in ein schwarzes Loch, das meine Gedanken und Gefühle aufsaugt. Doch dann schlüpft das rote Tier aus diesem Loch, beißt mir in die Kehle. Ich bleibe stumm. Dieser unendliche Haß, den ich mir nicht erklären kann. Ich peitsche ihn nieder. Hasse mich selbst für diesen Haß. Wo Trauer sein soll, ist nur diese Revolte meines Herzens gegen meinen trauernden Vater. Ich wage mir meine Gefühle nicht einzugestehen. Funktioniere gefühlstot in der Rolle der stützenden und tröstenden Tochter. Meine Gefühle sind falsch, ich bin gemein. Fies und schuldig.

Falsche Gefühle?

Ich sitze zwischen Schwertlilien und blühenden Gräsern auf den Steinplatten des Gartenweges, der sich vor dem Haus meines Onkels befindet. Es ist Nachmittag, die Hitze läßt nach, ich kann sie ohnehin nicht richtig spüren. Meine Eltern und mein Onkel sind im Haus. Sie sitzen am Kaffeetisch und reden. Ich bin geflohen. Suche hier im Garten nach mir und meinen Gefühlen. Die richtigen Gefühle will ich suchen: Trauer und Schmerz. Dieser Haß macht mich verrückt, ich drehe durch, wenn das so weitergeht. Er ist mir verboten gegenüber dem alten Mann dort im Haus, der seine Tochter betrauert, die sich am Vorabend tötete. Ich habe ihm keinen begründeten Vorwurf zu machen. Gehässig bin ich. Wahrscheinlich wegen meiner eigenen Schuld. Weil ich von ihren Selbstmordabsichten wußte, von ihrer Verzweiflung und von dem Gebäude. Ich habe ihr nicht geholfen. Unterlassene Hilfeleistung: Schuld. Ich denke an meine Besuche bei ihr. Sehe sie wieder tot im Keller. Das war erst heute früh, denke ich.

Da steigt ein Schluchzen aus meinem Körper. Tränen lassen das Bild des Gartenweges vor meinen Augen verschwimmen. ICH WERDE NIE MEHR MIT IHR ZUSAMMENSEIN KÖNNEN. NIE MEHR. Ich weiß nicht, weine ich um sie oder um mich. Ich unterstelle mir Selbstmitleid, kann es nicht akzeptieren. Immer sind meine Gefühle falsch. Ich quäle mich mit Selbstvorwürfen, beginne den Marathon, der die nächsten sechs Jahre weitergeht. Wie kann ich meinen Vater nur so hassen. Warum habe ich meiner Schwester nicht geholfen. Meine Tränen versiegen unter den scharfen Verboten meines Über-Ichs. Doch im nächsten Moment erfaßt mich ein Schluchzen, ohnmächtig und befreit heule ich auf wie eine Wölfin, renne ins Haus hinein, auf den Schoß meiner Mutter. Ein kleines, fassungslos weinendes Kind bin ich, das der beruhigenden und tröstenden Stimme seiner Mutter lauscht.

Ich habe ein hartes Training im Krisenmanagement hinter mir. Ungeübt und hilflos bin ich im Umgang mit meinen Gefühlen. Sie sind bedrohlich, tödlich, furchterregend. Es befremdet mich, daß ich anscheinend nichts für meine Schwester empfinde. Die Trauer will sich nicht einstellen. Nur das rote Tier schmarotzt an meiner Seele. Ich bin voll Schuld und Aggression, die sich innerlich stauen, doch der Damm zerbricht nicht unter ihrem massiven Druck. Ich zerbreche.

Ich versuche, meine Mutter zu verstehen und zu stützen. Ihre Trauer schmerzt mich. Ich will meinem Vater beistehen, er tut mir leid. Ich fürchte, unter dieser Last zu stolpern und zu stürzen. Aber ich nehme sie auf mich. Benutze meine Pseudo-Einfühlung, um vor meinen eigenen Gefühlen zu fliehen, wie ich es von Kind an tat. Ich bin am Rand meiner Kraft, hinter dieser Grenze lauert der Zusammenbruch. Mein Haß frißt mich auf.

Abends sitze ich am Telefon. Vor mir liegt das kleine Notizbuch meiner Schwester, das meine Mutter und ich im psychiatrischen Krankenhaus mit ihrer anderen Habe in Tüten und Taschen verstauten. Es ist ihre vertraute Schrift, in der ordentlich Namen, Anschriften und Rufnummern ihrer FreundInnen und Bekannten aufgezeichnet sind. Mein Name steht auch dabei. Ich versuche, die Todesnachricht behutsam zu übermitteln. Viele erfassen nicht, was ich ihnen da erzähle. Sie reagieren sachlich, geschockt, erstaunt, ungläubig. Die Idee, jemand von ihnen könne mir zuhören, mir helfen, sich für mich interessieren, kommt mir nicht. Ich fühle mich nicht hilfsbedürftig, abhängig von Trost und Zuwendung. Nein, ich helfe!

Es drängt mich danach, allen Bescheid zu sagen. Alle sollen es wissen. Am liebsten würde ich es mit lauter Parolenstimme durch die Straßen dieser Stadt rufen oder an die Wände der Häuser und des Gebäudes sprühen:

Meine Schwester ist tot! Sie hat sich umgebracht, weil sie sich und die Welt nicht mehr aushalten konnte. Das Prinzip Hoffnung hat sie durch ihren Sprung widerlegt.

Beerdigung

Bis zur Beerdigung verstreicht eine Woche. Die Leiche muß von den Gerichtsmedizinern freigegeben werden. Sie stellen Selbstmord fest, Seelenmord ist nicht mehr diagnostizierbar.

Der schwarze Leichenwagen bringt meine Schwester zum Wohnort meiner Eltern. Wir erwarten den verschlossenen Sarg am Friedhofseingang. Darin liegt meine Schwester im Totenkleid. Von Blutergüssen so entstellt, daß der Mann vom Beerdigungsinstitut überzeugend davon abrät, uns ihren Anblick zuzumuten. So bleibt es bei der letzten Begegnung im Keller der Gerichtsmedizin, mein Bruder sah sie nicht mehr. Ich habe die Chance verpaßt, allein und in Ruhe von ihr Abschied zu nehmen.

Mein Vater wollte nicht, daß meine Schwester hier begraben

wurde. Er wollte ihre Sachen nicht sehen und nicht zusammen-
packen, er versuchte, meine Schwester an einem weit entfernten
Ort in der Erde zu verstauen, so wie ihre Sachen in Schubladen
und Schränken versteckt wurden. »Sie soll neben Opa liegen, der
war wenigstens ein guter Mensch«, sagte er und weinte. Voll in-
nerer Härte dachte ich: »Da hast du recht.« Ich schämte mich für
diesen Gedanken.

Alles in mir sträubte sich, meine Schwester so weit fort unter dem
verwitterten, protzigen Familiengrabsockel aus Granit zu wissen.
Aus den Augen, aus dem Sinn. Ich schloß einen Pakt mit meiner
Mutter, setzte mich durch. Dieser Pakt sollte die nächsten sechs
Jahre überdauern. Das rote Tier ließ ab von seinem Würgegriff.
Das Grab meiner Schwester befindet sich nun auf einem alten
Friedhof. Eine große Ulme treibt ihre Wurzeln ins Erdreich. Zu
dritt haben wir diese Stelle ausgesucht. Meine Eltern und ich. Wir
mußten mit dem Garten- und Friedhofsamt verhandeln, denn
auch die Friedhofswahl ist Regeln und Gesetzen unterworfen, die
eindeutig gegen unseren Wunsch sprachen. Die Tränen meiner
Mutter erweichten das Herz des Stadtbeamten.

Ein Pfarrerskollege soll die Ansprache halten, so wünschen es
meine Eltern. Im obligatorischen Vorgespräch sagt mein Vater:
»Meine Tochter ist in ihre Freiheit gesprungen. Was für einen
Mut muß dieses Mädchen gehabt haben.« Ich widerspreche wütend. Mit Freiheit hat das nichts zu tun. Doch einige Tage danach
höre ich denselben Satz bei der Trauerpredigt. Wie betäubt sitze
ich in der Friedhofskirche, seit Tagen gefühllos und verwirrt.
Kaum ein Wort verstehe ich von dem, was der Mann im
schwarzen Talar erzählt. In meinem Rücken sitzen Bekannte der
Familie, Verwandte und FreundInnen meiner Schwester.

Bald darauf laufen sie hinter meinen Eltern und uns Geschwistern her. Ich halte mich von meinem Vater so entfernt wie möglich. Suche Deckung neben meiner Mutter. So schwarz und ohne
Hitze schien die Julisonne noch nie vom wolkenlosen Himmel
herunter, der stählern blau aussieht. So erschreckend tönten mir
noch nie die Schritte ins Ohr, das Rollen der Räder unter dem
Sarg meiner Schwester, das Knistern der Kleidung beim Gehen.
Diese Stille erdrückt mich, auch vorm offenen Grabschacht, in

den der Sarg meiner Schwester von Friedhofsbediensteten an langen Gurten abgeseilt wird. Hinunter in die Erde. »Erde zu Erde, Asche zu Asche, Staub zu Staub. Gott, erbarme Dich ihrer Seele.« Aus meiner Leere dringt ein starkes Bedürfnis nach Protest. Ich vermisse Fragen. Gespräche. Gefühle. Statt der Predigt dieses Pfarrers.

Ich stehe am offenen Grab und verabschiede mich laut von meiner Schwester. Antworte ihr auf den letzten Brief, den sie vor ihrem Selbstmord schrieb. Mein Herz rast. Erleichtert schöpfe ich Sommerluft. Spüre die Blicke, die sich auf mich richten. Ich ertrage es nicht, angesehen zu werden. Auch dies ein Erbe meines Vaters. Im stillen denke ich von nun an oft, daß ich die Nächste sein werde, die dort unten im Sand liegt. Vom Wasserwerfer überfahren wie Günther Sare. Schädelbruch durch Schlagstockeinsatz. Lungenkrebs oder ähnliches.

Ich ertrage die Verwandtschaft nicht, die im Anschluß ins Haus meiner Eltern mitkommt. Ihre Gespräche, die sich mit Glasfasergeschäften in Südafrika, Rezepten und Gerüchten über Abwesende beschäftigen. Über alles reden sie, nicht aber über meine Schwester. Das kann ich nur mit ihren FreundInnen, mit denen rede ich über die Therapie, versuche etwas zu begreifen und mitzuteilen. Während die Verwandtschaft da ist, fliehe ich. Setze mich mit der Frau, die mir in der Vorschulzeit zur Ersatzmutter wurde, auf das Ehebett meiner Eltern, und wir sehen uns Fotoalben meiner Schwester an. Meine Tante, die ich seit Jahren nicht gesehen habe, sagt beim Abschied bewegt, während sie mich in ihre Arme preßt: »Wenn du wüßtest, wie oft ich an dich denke.« Ich sehe ihr in die Augen, antworte ungerührt: »Das glaube ich dir nicht!«

Reinen Tisch machen

Meine Mutter stand in der Küche. Sie erschien mir noch bedrückter als sonst. Ich fragte, was mit ihr sei. Sie wollte mir nicht antworten, meinte: »Das kann ich dir nicht sagen, damit möchte ich dich nicht belasten.« Ich ahnte etwas, das sich kurz darauf, als ich mich im Gespräch vortastete, bestätigte.

Drei Monate waren seit der Beerdigung meiner Schwester vergangen. Mein Vater hatte sich in seine Arbeit vertieft, meine Mutter blieb mit mir und ihrer Trauer allein. Er war für einige Tage verreist. Als er wiederkam, sagte er meiner Mutter: »Bei dir ist es doch am schönsten.«

Er erzählte auf ihre mißtrauische Nachfrage, daß er mit einer jungen Bekannten der Familie ins Bett gegangen sei. Sie habe ihn über den Tod meiner Schwester hinwegtrösten wollen, indem sie mit ihm schlief. Bei der Gelegenheit präsentierte er ihr gleich noch das Verhältnis mit seiner Geliebten, von dem ich ja schon lange wußte. Ich hatte allerdings keine Ahnung, daß es mittlerweile beendet war. Er sagte dies, um »reinen Tisch« zu machen, wie er es nannte.

Dies geschah zwölf Wochen nach dem Selbstmord seiner Tochter – es ekelt mich, ihn zum Vater zu haben.

»Reinen Tisch« machte er in Wahrheit nie. Selbst als ich ihn mehrfach vorsichtig fragte, ob er durch uns Töchter stimuliert wurde oder sexuelle Phantasien über mich hatte, stritt er entrüstet ab. Er log. Ließ mich vier Jahre lang nach der Wahrheit suchen. Sah zu, wie ich depressiv wurde und meine Therapie begann. Hörte, daß es mir schlechtging und ich weder Erklärungen für meinen Zustand noch für den Tod meiner Schwester fand. Er schwieg nicht nur, sondern er log, verleugnete feige die sexuellen Übergriffe. Ich las einmal: »Erinnerungen sind eine Zeitbombe.« Meine ist detoniert. Meine Schwester starb zu früh.

Das Messer auf dem Abendbrottisch

Ich sitze mit meinen Eltern beim Abendessen. Der Tod meiner Schwester ist einige Wochen her. Die Sonne scheint nur noch schwarz. Der Film läuft, fast gänzlich ohne Gefühle. Niemandem schmeckt das Essen. Zwanghaft habe ich seit Wochen ihren Fall, den Aufprall und ihr Sterben vor meinem inneren Auge. Stelle mir vor, was die Männer bei der Obduktion mit ihrem Körper machten. Wie sie jetzt aussieht im Sarg. Ich verletze mich mit diesen Gedanken, kann nicht aufhören. Wahrscheinlich taste ich nach meiner Trauer, meinem Schmerz, strafe mich auch wegen meiner Schuld.

Mein Vater erzählt. Ich antworte. Seit Wochen zerfleischt mich das rote Tier, wenn ich in seine Nähe komme. Und dort bin ich oft als helfende Tochter. Da fällt das Wort *Schuld*. »Soll das heißen, daß ich der Hauptschuldige an ihrem Tod bin?« fragt mein Vater voller Aggression. Ich krümme mich zusammen. »Aber das hat sie doch gar nicht gesagt«, beschwichtigt meine Mutter. Habe ich auch nicht. Aber er besteht darauf. Beißt sich fest. Gewalt scheint aus den Schlaufen des Wohnzimmerteppichs, den Poren der Rauhfasertapete, den Ritzen der Fenster zu steigen. Die Atmosphäre lädt sich auf wie kurz vor einem Blitz. »Wir alle haben schuld an ihrem Tod, du auch!« sage ich. Er hat einen Blick, einen Atem und eine Mimik, die mich vor Angst erstarren lassen. Jedes weitere Wort wird zum Balanceakt auf einem Seil, das ungefähr in der Höhe gespannt ist, aus der meine Schwester fiel. Ich fixiere den Gläserschrank. Habe das Bedürfnis, mit bloßen Fäusten diese Gläser zu zertrümmern. Ich reiße mich zusammen.

Auf dem Abendbrottisch liegt das scharfe Küchenmesser mit dem schwarzen Griff neben den Tomaten. Er wird mich umbringen – oder ich ihn. »Macht euch nicht unglücklich«, sagt meine Mutter. Mit der größten Anstrengung meines Lebens stehe ich auf. Ich stapele die Teller, lege das Messer obenauf und schleppe diese mörderische Fracht in die Küche. Unauffällig versuche ich die Situation zu kontrollieren und zu entschärfen. Angst sitzt mir in allen Poren. Unerträgliche Angst vor meinem eigenen Vater.

Diese Nacht geschah etwas, das ich erst heute verstehe. Ich hatte Angst, er würde in mein Zimmer eindringen und mich umbringen. Ich konnte das Haus nicht verlassen. Traute meiner Wahrnehmung keinen Millimeter weit. Wie sollte ich diese Nacht heil überstehen? Spontan sagte ich zu meiner Mutter: »Ich kann nicht allein schlafen.« Ich trug meine Matratze ins Schlafzimmer meiner Eltern, legte sie vor das Ehebett und mich darauf. Dort verbrachte ich die Nacht. In einem Zimmer mit Mutter und Vater. In Angst und Sicherheit. Ich handelte wie das kleine Kind, wie die Zwölfjährige, die beharrlich Nacht für Nacht im Bett der

Mutter Schutz suchte. Da lag ich nun mit zweiundzwanzig Jahren und wartete, daß er mich umbrächte.

Wollte er mich ermorden? Wollte ich ihn ermorden? Meine Gefühle sagen ja. Mein Verstand sagt nein. Ich weiß nur eins: All die Jahre blieb ich wie Isaak auf der Schlachtbank. Wartend, daß Abraham mir das Messer an die Kehle setzt.

Vaterübertragung

Im Strudel der Vaterübertragung auf meine Therapeutin empfand ich sie abwechselnd als Todesgehilfin, die darauf aus war, mich psychotisch zu machen, und als Retterin, die ich idealisierte und liebte. Der Idealisierten sagte ich: »Dir könnte ich nichts verweigern, keinen Wunsch abschlagen.« Sie fragte: »Warum ist das so?« – »Keine Ahnung, ich weiß nur, daß es stimmt, ich könnte zu dir nicht nein sagen«, antwortete ich.

Ich wußte nicht, daß ich in einer Vaterübertragung steckte; wenn ich darüber nachdachte, tippte ich eher auf meine Mutter. Mir war nicht bewußt, daß ich ihn als Kind SO SEHR GELIEBT und SO GEFÜRCHTET habe. Erst durch die Erinnerung verstand ich, was da wöchentlich zwischen uns geschah. Meine Therapeutin mußte es mir nicht sagen.

Ein Traum begleitete uns durch die Stunden. Ich hatte geträumt, meine Therapeutin, eine U-Bahn-Fahrerin, schlage mich berechnend und strafend mit einer Rute auf die Fußsohlen. Ich lag bäuchlings auf dem Bahnsteig, ohnmächtig und ausgeliefert. Danach gab sie mir Salbe, mit der ich mir die roten Striemen einreiben sollte.

So habe ich als Kind meinen Vater erlebt.

Schuld

Ich sehe die Schuld als Kugel. Sie wird zum Ball, den wir uns in der Familie zuspielen. Sie verwandelt sich in Blei, das tiefe Wunden reißt. An mein Bein geschmiedet, schleife ich diese Kugel durch meine Zelle. Sie liegt rund und glatt im Magen, bis sie sich zersetzt und ihr Gift ausströmt. Die Kugel umkapselt meinen Kopf, dann muß ich nichts denken. Häufiger umschließt sie meine Gefühle, dann bin ich leer. Wenn das rote, gierige Tier sich an der Kugel verschluckt, dann hält es die Klappe. Ohnmacht und Haß sind in dieser Kugel hermetisch abgeriegelt.

Nach dem Tod meiner Schwester sitze ich oft in der Kugel. Unverständlich für die *anderen*. Sie wissen nicht, daß dieses runde Zepter in meiner Hand mich zur Königin krönt, die den Tod meiner Schwester hätte verhindern können.

Nachts rollt die Kugel durch meine Träume und quält mich. Nur ein Hindernis kann sie stoppen. Dann denke ich, daß es mir gehen wird wie meiner Schwester. Dann glaube ich nicht an meinen achtundzwanzigsten Geburtstag.

Über die Kugel habe ich viel gelernt. Jahrelang habe ich Erfahrungen gesammelt. Ich wußte nicht, daß es Mittel gibt, um diese Kugel aus Selbsthaß und Verzweiflung zu sprengen. Der Sprengstoff ist die Erinnerung an zwei Kinderaugen, die an die Decke starrten, während ich im alten Schuppen und in meinem Kinderbett vergewaltigt wurde.

Sechs Jahre Schuld und Selbstvorwürfe. Wegen unterlassener Hilfeleistung. Weil ich meiner Schwester nicht sagte, wie sehr sie mir fehlen würde. Weil ich ihr keinen Mut machen konnte, weiterzuleben. Weil ich das Geheimnis wahrte. Weil ich ihr keine Gefühle zeigte, als sie mit mir sprach.

Ich war mir hundertprozentig sicher, ich hätte ihren Tod verhindert, WENN ...

Unzählige Varianten habe ich durchdacht, durchlebt, durchträumt. In Hunderten von Tagen und Nächten haben mich dieses eine Wort »WENN ...« und seine Folgen beschäftigt. Die Antworten auf die Frage, was ich falsch gemacht und unterlassen habe, sind zahlreich wie Sandkörner und Muschelbruch am Strand. So blieb mir zumindest die Illusion, ich hätte ihren Tod verhindern können. Sie minderte meine Ohn-Macht.

Der Preis für diese Vorstellung war gewaltig: Schuldspruch im Verfahren um den Selbst-Mord meiner Schwester.

Meine FreundInnen verstanden mich nicht. Warum beschäftigten mich Familienkonflikte und Selbstvorwürfe so lange Jahre nach dem Tod meiner Schwester weiter? Ich verstand mein Trauern und Wüten selbst nicht. Erlebte nur, daß es meiner Mutter ähnlich ging wie mir. Ich vermute, nur Suizid konfrontiert die Hinterbliebenen so gnadenlos mit der Frage: WARUM? Eine Frage, die nach Antworten schreit, die zu spät oder nie gefunden werden können. Ich hatte versagt. Gnadenlos knirschten in meiner Seele die alten Zahnräder, die mich in meiner Kindheit glauben ließen, ich trüge die Verantwortung für den sexuellen Mißbrauch. Nun hatte ich Schuld und Verantwortung für den Selbstmord meiner Schwester übernommen. Ich konnte sie damals nicht ermutigen, an ihre Heilung zu glauben.

Schuld. Nagende, zersetzende, quälende Schuld. Auch beim Schreiben. Was wird mein Buch auslösen, falls es meine Eltern und mein Bruder lesen?

Mein Vater ist ein Mann wie viele andere Männer auch, die ihre Kinder zur Befriedigung ihrer Machtansprüche mißbrauchen. Jedes dritte oder vierte Mädchen in diesem Land erlebt sexuelle Gewalt. Jeder siebte oder achte Junge auch. Die Täter sind den Opfern meistens gut bekannt. Uns aber auch. Sie leben unter uns. Man braucht nicht lang zu suchen, um viele andere Männer zu finden, die Kinder sexuell mißhandeln. Einige Frauen allerdings auch. Manchmal begreife ich es nicht. Fasse nicht, warum das alles so ist.

Schuldzuweisungen sind eine große Last. Ich habe die Nase gestrichen voll von Schuld und Geheimnissen. Mein Vater hätte Hilfe suchen können, statt seine Probleme auf meine Kosten auszuleben. Ich will nicht, daß das Buch zu einem Racheakt verkommt, durch den nur neuer Schaden entsteht. Aber ich werde ihn nicht erklären und in Schutz nehmen. Ich wünsche ein Ende des Schuldkarussells, um Neuland zu betreten und zu heilen.

Schuldzuweisungen verhindern nicht, was geschah, aber sie produzieren neues Leid. Sechs Jahre Schuld-, Täter- und Opferproblematik sind genug. Ich möchte neue Wege finden, und ich hoffe auch, daß mein Vater einen Weg findet, mit dem, was er mir und meiner Schwester antat, zu leben.

Meine Mutter

Da sitze ich also und schreibe ein Buch über meine Geschichte. Mein Vater bekommt scharfe Konturen und ein Profil, er nimmt großen Raum ein, viele meiner Gefühle und Gedanken sind an ihn gebunden.

Meine Mutter bleibt im Schatten, nur spärlich berichte ich über sie. Immer fällt mir gleich ihre Angst ein, ihre Sorge, in der ich das Gefühl hatte zu ersticken. Die Welt schien durch ihre Brille bedrohlich, nun, sie gehörte zu den Kindern, die im Krieg aufwuchsen.

Aber ich sah die Welt nur gelegentlich durch ihre Brille. Die meines Vaters drückte mir ungleich öfter auf meine Nase. Die Brille meines Vaters war Teil des bösen Zaubers. Sie verzerrte meine Sicht. Nichts war so, wie es sein sollte. Auch meine Mutter nicht. Vor meinen Augen wurde sie zu einer dicken, dummen, verklemmten Frau, die mich nur eines lehren konnte: Werde niemals so wie deine Mutter!

Mein Vater und ich erachteten meine Mutter jahrelang für unfähig und unwürdig zu interessanten Gesprächen über die hohe Kunst geistiger, kultureller und politischer Wissenschaften. Obgleich er sie demonstrativ immer wieder zur Emanzipation aufforderte, hatte er keine Achtung für sie als kompetente Partnerin. Für solche Gespräche mißbrauchte er mich von dem Alter an, in dem ich in der Lage war, verständig und bewundernd seinen geistigen Höhenflügen zu folgen. Meine Mutter stand weiter in der Küche, putzte unseren Dreck weg, arbeitete und zog nebenher noch drei Kinder groß. Sie half ihm in der Gemeinde, denn eine Frau, die einen Pfarrer heiratet, bekommt mit dem Mann gleich auch einen Nebenjob. Zu ihrer Zeit mußte sie sich sogar gegenüber der Kirche verpflichten, nicht berufstätig zu sein. Denn sie war ja Pfarrfrau.

Die Sicht durch die Brille meines Vaters führt mich heute in eine große Verunsicherung. Wer war die Frau, die zuschaute und wegsah, als mein Vater mich mißbrauchte? Von den Übergriffen im Bett wußte sie nichts. Aber alles andere war ein *offenes* Geheimnis. Vor ihren Augen und Ohren nutzte mein Vater Hunderte von Gelegenheiten, um uns Geschwister in sexualisierte Handlungen und Gesprächsthemen einzubeziehen. Wenn sie eingriff und er sie als verklemmt und prüde abkanzelte, wurde sie stumm. Ich erinnere mich an keine entscheidende Diskussion, in der sie sich gegen ihn durchsetzte. Sie hätte neben der Idealisierung auch die Angst sehen können, mit der ich meinem Vater begegnete. Sie sah, wie er mich schlug und streichelte. Sie schwieg.

Vertrauen ist für mich eine schwere Sache. Wer den Verrat durch die eigenen Eltern erlebt, ist auf der Hut. Meine Mutter hat mich oft verraten, indem sie ihm Sachen weitersagte, die nur für sie bestimmt waren. Sie nahm mich nicht ernst, fühlte sich ihm gegenüber zur Offenheit verpflichtet. Damit verhinderte sie, daß ich mich ihr anvertrauen konnte. Die einzige aus der Familie, zu der ich genug Vertrauen besaß, um von den Übergriffen zu erzählen, war meine Schwester. Meine Mutter war warmherzig, liebevoll, bemüht – und unzuverlässig. Sie machte es meinem Vater leicht, mich an ihn zu binden. Ich vermute, diese Bindung entlastete sie, denn ich war das jüngste von drei Kindern und kein Wunschkind.

Erst nach dem Tod meiner Schwester änderte sich unsere Beziehung. Wir trauerten zusammen und teilten unsere Fragen, Ängste, Zweifel und Selbstvorwürfe. Auf einmal fand ich eine Frau, die ich nie zuvor kennengelernt hatte. Deren Ansichten und Meinungen mir wichtig waren, deren Ehrlichkeit mich beeindruckte.

Doch so wurde ich erneut in die Ehekonflikte meiner Eltern verwickelt. Meinen Eltern erging es nicht anders als vielen anderen Eltern, die nach dem Tod eines ihrer Kinder unaufhaltsam auf die Scheidung hin streiten und schweigen. Zu Beginn war ich noch Bündnispartnerin für beide Seiten. Mein Vater rief mich an, während er das Ehebett zersägte. Meine Mutter erzählte mir von seinen verbalen Attacken. Ich wußte keinen Rat, hatte mit meinem verbotenen Haß genug zu kämpfen. Schließlich brach ich mit meinem Vater, denn ich quoll über vor Haß und Aversionen gegen ihn. Meine Rollen wechselten:

Ich war die Tochter meiner Mutter, lernte sie endlich mit zweiundzwanzig Jahren kennen und schätzen. Ich nahm die Rolle meines Vaters ein, der sich in seine Arbeit zurückzog und ihr Gespräche und Hilfe verweigerte. Ich versuchte sogar, meine tote Schwester zu sein, und akzeptierte Wiedergutmachungsversuche an ihrer Statt.

Als Kind fand ich meine Mutter unzulänglich und schämte mich für sie. Mein Vater hatte mich ihr entfremdet. Ich habe keine Ahnung, wie sich meine Erinnerungen und dieses Buch auf unsere Beziehung auswirken werden. Zur Zeit habe ich öfter das Gefühl, Vollwaise zu sein. Zum Glück bin ich erwachsen.

In vielen Diskussionen über sexuellen Mißbrauch werden die Mütter als Opfer dargestellt. Das finde ich falsch. Sie war auch sein Opfer, das ja, aber sie war erwachsen. Niemand zwang sie, bei ihm zu bleiben. Nur die ökonomische Abhängigkeit, die bei einer Scheidung mit drei Kindern eine Rolle spielt. Aber dieses Thema wurde nie auch nur annähernd angesprochen. Sie duldete ihre Entwürdigung und unseren Mißbrauch. Ich war damals von ihrer Parteinahme abhängig.

Die Stigmatisierung der Mütter als Opfer der Mißbraucher hilft, das Mutterbild zu erhalten. Mit »Mutter« verbinden die meisten Menschen Schutz, Geborgenheit und Zuwendung. Aber auch Mütter können aggressiv, unverantwortlich und eigennützig handeln. Doch als Erwachsene haben sie die Möglichkeit, an sich zu arbeiten. Meine Mutter hätte für ihre und unsere Unversehrtheit sorgen können. Sie mußte nicht zusehen. Die Verantwortung für meine Schäden jedoch trägt der, der sie mir zufügte: mein Vater.

Bruch

»Schließlich brach ich mit meinem Vater...«, habe ich geschrieben. So war es nicht. Der Nacht, in der ich dachte, er wolle mich ermorden, folgte der Sonntag, an dem ich haßerfüllt das Glas auf der Veranda zertrümmerte. Als er behauptete, mein Opfer zu sein.

Es folgte ein Brief, in dem er schrieb, ich quälte ihn. Er säße in einem Käfig, ich stünde mit einer langen Stange davor und stocherte darin herum, um ihn zu quälen. Ich verbrannte den Brief. Vergessen kann ich ihn nicht. Dort stand: Er sei mein Opfer. Weil ich ihn nicht mehr sehen wollte. Ich KONNTE ihm nicht begegnen, das rote Haßtier zerfleischte mich, wenn ich ihm nahe kam.

Ich glaubte ihm. Ich war ein Monstrum, das seinen Vater mißhandelte. Wir hatten doch alle genug gelitten. Aber ich kam nicht an gegen meinen Haß. Ich konnte nur eines tun: ihn meiden. Zwei Jahre lang besuchte ich meine Mutter nicht mehr in meinem Elternhaus.

Ich blieb an ihn gebunden. Auch Haß bindet. Erst recht, wenn er nicht existieren darf. Wenn er verboten ist, um den Vater zu schonen. Um die Wahrheit nicht sehen zu müssen. Um nicht noch schuldiger an Vater und Schwester zu sein. Ich hatte genug mit meiner Schuld zu tun, was sollte mir da der Haß?

Ich war sehr einsam in dieser Zeit. FreundInnen hatte ich keine mehr. Ich trennte mich von meinen GenossInnen, nicht aus kritischer Distanz, sondern weil ich alles nicht mehr aushielt. Die Repressionen durch den Staat und meine Verwirrung, Härte, Gefühllosigkeit. Wegen meiner Anpassung und Orientierungslosigkeit konnte ich meine Probleme nicht in der Gruppe thematisieren. Für die Gefühle und Fragen, mit denen mich der Selbstmord meiner Schwester konfrontierte, fand ich nur wenig Verständnis und Raum. »Psycho« war in den Aktivitäten und Diskussionen anscheinend hinderlich; ich akzeptierte dies, hatte lang genug selbst so gedacht. Ich hatte auf ganzer Linie versagt. Ich war schuldig am Tod meiner Schwester, schuldig, weil ich meinen Vater quälte, schuldig, weil ich keine Genossin mehr sein konnte.

Mein Selbstwertgefühl näherte sich dem tiefsten Punkt auf der Minusskala, und mir ging es so schlecht wie nie zuvor in meinem Leben. Ich war allein.

Nach zweijährigem zähem Ringen mit meiner Mutter zwang ich mich zur Vertöchterung. Meine Mutter hatte sich mit meinem Vater arrangiert. Sie wollte bei ihm bleiben. Durch sie erfuhr ich immer wieder, wie sehr er unter meiner Distanzierung litt. Die ich nicht begründen konnte. Das verletzte auch meine Mutter, die sich eine heile »Restfamilie« wünschte. Ich hielt es nicht mehr aus und erschlug meine letzten Gefühle, ohne meinem Haß eine Chance zu lassen. Schließlich fühlte ich mich erwachsen und souverän genug, dem eigenen Vater mit freundlicher Distanz zu begegnen. Ich kam ja durch die Ausbildung zur Erzieherin, die ich angefangen hatte, allmählich selbst in die Elternrolle.

Vertöchterung auf dem Vaterschoß

Am Tag der Vertöchterung bin ich aufgeregt, bin völlig durch den Wind. In der Erzieherinnenausbildung sitze ich mit einem Herzen voll Angst und Hoffnung.
Er kommt in meine Dachgeschoßwohnung, hat Süßigkeiten dabei, umarmt mich, küßt mich. Ich bin noch distanziert. Aber immerhin, ich war es doch, die das Angebot machte, die Friedenspfeife zu rauchen mitten im Krieg. Also ekelt mich sein Kuß nicht, obwohl er mich anwidert. Mein Körper wird auch nicht steif, obwohl er erstarrt ist. Ein für allemal soll Schluß sein mit den quälenden Gefühlen, den falschen und komischen.
Wir reden wie früher. Er bewundert meine Klugheit und Lebenserfahrung. Beginnt das Gespräch mit: »Als ich in deinem Alter war…« Ich höre zu, fühle mich ein. Ich rede. Ich fühle mich nicht. Es ist nur diese alte, komische, ungute Benommenheit, die mich aushöhlt und leer macht. Er erzählt von seiner Ehe, von seinen Träumen. Verständnis fordert er, das ich nicht habe. Eine Brücke baut er, die nicht trägt. Er bittet mich auf seinen Schoß. Seine Stimme ist freundlich, klagend, leidend, unwiderstehlich.

Ich setze mich auf seinen Schoß. Mit meinen Gefühlen habe ich keinen Vertrag mehr. Spüren tu ich's auch nicht. Sitze also auf seinem Schoß. UND SCHÄME MICH, das heute zu schreiben. Ich war schon vierundzwanzig Jahre alt.

Der Preis der Vertöchterung ist die Einkerkerung des roten Tieres. Es teilt seinen Kerker mit meinen unfühlbaren Gefühlen. Von nun an ertrage ich immer öfter einen Zustand, der kein Gefühl ist, sondern schwarzer Sonnenschein über meinem gläsernen Sarg.

Besuche bei meinen Eltern bezahle ich mit Kopfschmerzen. Das rote Tier hat sich in meinen Magen verbissen. Meine Verdauung macht nicht mit. ZWEI JAHRE später, mit sechsundzwanzig Jahren, schaffe ich es, meinem Vater zu sagen, daß ich von ihm nicht umarmt und geküßt werden will, wenn wir uns begrüßen und verabschieden. Wenn das rote Tier aufbegehrt, peitsche ich es zornig nieder. Ein alter Hunger, ein unstillbarer, treibt mich zu den Eltern. Noch immer hoffe ich unbewußt, meinen Vater zu bewegen. Er soll mir der Vater sein, den ich mir wünschte. Ich verstehe mich nicht. Ich verstehe ihn nicht. Verbünde mich abwechselnd mit ihm und meiner Mutter. Mein Leben besteht aus Fragmenten, Trümmern, die keinen Sinn ergeben. Das Mosaik läßt sich nicht zusammenfügen. Ich weiß um meine Extreme. Die radikale Antiimperialistin, die Punkerin, die Erzieherin, die Schuldige am Tod meiner Schwester, die Pfarrerstochter. Ich versuche zu begreifen, mühe mich, einen roten Faden zu sehen. Ich scheitere.

Die Entgrenzung bleibt. Ich erzähle meinem Vater von der Frau, in die ich mich verliebe. Obwohl ich es ihm nicht erzählen will. Obgleich seine Reaktion – natürlich hat er Verständnis für schwulen und lesbischen Sex – mich ekelt. Er sucht mit mir das Gespräch über seine Sexualität mit meiner Mutter. In seinem Arbeitszimmer rauchen und reden wir, ich scheinbar erwachsen, im Herzen ein kleines Kind, das nie nein sagen lernte.

Ich dulde auch weiterhin, daß er mich umarmt, meine Hand hält, mir beim Autofahren seine Hand aufs Bein legt. Ich dulde es, weil ich mich nicht im Recht fühle, ihn zurückzuweisen. Wohl gefühlt habe ich mich dabei nie. Ich habe nichts gefühlt, meinen Körper verlassen, fast immer.

Im Grunde hat der Mißbrauch nie aufgehört. Bis ich mich erinnerte. Aber der Weg zur Erinnerung war weit. Vier Jahre lang beschäftigte mich »das Thema« Mißbrauch. In der Erzieherinnenausbildung kam es nicht vor. Ich stieß darauf durch eine Freundin, die vergewaltigte Frauen berät. Ich begann zu lesen. Manche Berichte machten mich an, und ich schämte mich. Ich begann zu suchen, in meiner Kindheit zu forschen, ob ich betroffen sein könnte. Ich las die Artikel über Auswirkungen sexueller Mißhandlungen und konnte sie nicht anwenden. Ich wußte nicht, daß ich meinen Körper und meine Gefühle abspalte. Das klang so fremd in all diesen Büchern. Meine Spaltung war normal und hatte keinen Namen. Das war doch ich. Es war ungeheuerlich, von meinem Vater zu denken, er habe mich mißbraucht. Die Dimension war angsterregend. Ich verdrängte, pflegte meine Gastritis, zwang mich zum Sex. Ich wollte keine Betroffene sein. Ich wollte mit betroffenen Mädchen arbeiten, bewarb mich als pädagogische Mitarbeiterin in einem Wohnheim. Heute bin ich froh, daß ich die Stelle nicht bekam. Die Arbeit mit mißbrauchten Mädchen und jungen Frauen wäre immer auch eine Konfrontation mit meiner eigenen Geschichte gewesen, mit meinen Gefühlen, meiner Verletzung. Wie sollte ich ihnen helfen, wenn ich selbst erst beginne, mit den Schäden, die mir mein Vater zufügte, leben zu lernen, und selbst Hilfe brauche.
Aber ich wurde durch meine Arbeit als Erzieherin mit meiner Geschichte konfrontiert. Dieses Erlebnis war der Anstoß für mich, mir therapeutische Hilfe zu suchen.

Der Verdacht auf sexuellen Mißbrauch in einer Kindereinrichtung

Erzieherin wollte ich werden. Ich war das Jobben leid. Vorher hatte ich als Behindertenhelferin, in der Fabrik, als Malerin und Tapeziererin und als Putzfrau gearbeitet.
Nach dem Tod meiner Schwester nahm ich eine Stelle als Kinderfrau in einer Familie an. Dort fühlte ich mich wohl. Ich konnte

die Lust und Lebensfreude spüren, mit der die Kinder die Welt entdeckten. Ich begann wieder zu leben.

Während der dreijährigen Ausbildung zur Erzieherin habe ich viel gelernt und noch mehr rebelliert.

Ich arbeitete in einem Kinderladen. Zielstrebig suchte ich mir hier das ideologische Umfeld, aus dem ich einst revoltierend ausbrach. Antiautoritäre Erziehung und »sexuelle Befreiung« waren in der Tradition dieser Einrichtung verankert, die von engagierten Eltern Ende der siebziger Jahre gegründet wurde.

Schon bald kam es zu einem Konflikt, der mich aufs äußerste belastete. Wir hatten den begründeten Verdacht, mein Mitarbeiter habe versucht, ein Kind unserer Gruppe sexuell zu mißbrauchen.

Ich stehe mit meiner Kollegin in der Küche. Wir stapeln die Geschirrberge vom Mittagessen in die Spülmaschine, säubern die Töpfe und Schüsseln. Ich arbeite erst seit kurzem in dieser Gruppe. Wir reden über die Kinder und unser Team.

»Bevor du kamst, haben wir ein Abschiedsessen für deine Vorgängerin gemacht«, sagt sie. »Unser Mitarbeiter hatte gekocht. Wir sprachen zum Abschied über unsere Arbeit. Er sagte, ein Kind aus unserer Gruppe habe eine erotische Ausstrahlung. Er könne sich vorstellen, daß es schön wäre, mit ihm nackt im Bett zu liegen und es zu streicheln.«

Beunruhigt horche ich auf. Frage nach. Er hat diese Äußerung nicht als Problem eingebracht. Er stellte fest und erwartete Zustimmung. Er wollte nur wissen, ob die Frauen im Team auch solche Phantasien hätten und körperliche Kontakte mit bestimmten Kindern genössen.

Meine Beunruhigung wächst. Ich nehme mir vor, ihn in der nächsten Teamsitzung auf seine Äußerung anzusprechen. Ich möchte erfahren, ob sich seine Phantasien im Alltag auf seine Arbeit mit dem Kind auswirken, das er erotisch findet. Doch dazu kommt es nicht.

Einige Tage später fahren wir mit der Kindergruppe in die jährliche Freizeit. Taschen und Kuscheltiere, Windeln und Bücher, Lebensmittel und Spielzeug stapeln sich in unserem Kleinbus, die

Kinder sind aufgeregt und gespannt, wir haben alle Hände voll zu tun.

Kaum sind wir im Haus, beziehen die Kinder die gemütlichen kleinen Räume, rollen ihre Schlafsäcke aus, probieren ihre Schlafanzüge an und spielen. Ich bin verblüfft, als der Mann sich in dem Zimmer einrichtet, in dem das Kind schlafen will, zu dem er seine erotischen Phantasien äußerte. Er hatte sich nämlich, wie ich auch, gegenüber meinen Mitarbeiterinnen dafür ausgesprochen, die Kinder allein in den Zimmern schlafen zu lassen, damit sie von uns ungestört spielen und schlafen können. Dennoch steht seine Tasche in dem Dreibettzimmer, er will dort schlafen. Ich reagiere spontan, schnell, reflexartig – mit einer Notlüge. Sage, das Kind habe mich gebeten, ich solle dort schlafen, er möge diesen Wunsch respektieren. Er geht darauf ein. Erleichtert atme ich auf und nehme mir vor, ihn am Abend, wenn die Kinder schlafen, auf seine Äußerung anzusprechen und die Sache endlich zu klären.

Es ist Abend. Ich singe die beiden Kinder in meinem Zimmer in den Schlaf, wärme noch die dringend benötigte Milch fürs Einschlafläschchen und erzähle die Geschichte vom kleinen Häwelmann. Als die Kinder schlafen, verlasse ich das Zimmer, gestreßt von der Aufregung und Anspannung, die so ein Tag mit fünfzehn Kindern in mir erzeugt.

Wir Erwachsenen sitzen am bollernden Kamin, Wein und Knabberzeug auf dem Tisch, da geht in einem Zimmer Radau los. Lachen, Rufe, Poltern – der Mann geht nachschauen, denn er hat es übernommen, diese Kinder ins Bett zu bringen. Ich sitze und rede, er kommt nicht zurück. Im Haus ist es nun still. Ich glaube, seine Schritte zu hören. Aber sie kommen nicht zu uns, sondern es sind Schritte auf der Treppe, die in das Zimmer führt, aus dem ich ihn ausquartiert habe. Ich bin beunruhigt, verleugne aber meine Wahrnehmung. Nein, ich muß mich getäuscht haben. Doch ich bleibe unsicher und entschließe mich, nachzusehen. Im Zimmer, aus dem der Lärm kam, ist es ruhig. Ich höre nur das gleichmäßige Schnaufen und Atmen der schlafenden Kinder. Der Mann ist nicht zu sehen. Ich gehe die Treppe hoch. Schaue in das andere Zimmer. Er liegt im Bett des Kindes, das er erotisch findet. In mir rasen die Gedanken, ich weiß nicht, wie ich reagieren soll. Sage: »Hier bist du also, wir warten schon auf dich.« Er lacht verlegen. Sagt: »Ja, ich komme gleich.« Ich schaffe es nicht, ihm zu sagen, er solle sofort kommen. Ich verlasse das Zimmer, erzähle meinen Mitarbeiterinnen, was ich sah. Sie sind noch hilfloser als ich. Da steige ich noch einmal die Treppe hoch und fordere ihn auf, gleich zu uns zu kommen, wir hätten mit ihm zu reden.

Meine Kollegin spricht ihn auf seine Äußerung an, formuliert unsere Beunruhigung und fragt, warum er neben dem Kind im Bett lag. Er reagiert verlegen und empört. Das Kind habe geweint, gerufen, er sei es trösten gegangen. Es habe seine Arme um ihn gelegt und ihn gebeten, sich, damit es besser einschlafen kann, in das Bett zu legen. Ich aber habe kein Rufen gehört, obwohl das Haus hellhörig ist und ich sogar das Husten der Kinder in diesem Zimmer hören kann. Ich habe nur seine Schritte auf der Treppe im stillen Haus gehört. Das sage ich ihm und spreche ihn darauf an, warum er sich in das Zimmer einquartieren wollte, obwohl wir doch ausgemacht hatten, nicht bei den Kindern zu schlafen. Hierzu liefert er uns innerhalb kürzester Zeit zwei sich widersprechende Versionen. Ich bin mißtrauisch. Kann ihm nicht glauben. Komme mir mies vor, meinen Mitarbeiter einem solchen Verdacht auszusetzen. Ärgere mich, daß ich das Licht im Zimmer nicht anmachte und nachsah, ob er dort mit dem Kind etwas machte. Er sieht in seinen Phantasien kein Problem. Er wisse doch, daß er nicht der Vater dieses Kindes sei. Er könne sich nur vorstellen, wenn es sein Kind wäre, dann fände er es schön, nackt mit ihm im Bett zu liegen und es zu streicheln.

Ich bin innerlich fassungslos. Habe Probleme, weil wir drei Frauen mit einem einzelnen Mann darüber sprechen, habe Angst, ihm Unrecht zu tun, ihn in die Ecke zu treiben. Das Gespräch endet ohne Klärung, meine Mitarbeiterinnen und ich versuchen, über die Problematik von Vaterliebe zu sprechen. Der Mann hört verständnisvoll zu, distanziert sich aufs schärfste von Männern, die ihre Kinder sexualisieren und mißbrauchen. Ich will ihm glauben. Fühle mich ihm auch verpflichtet, weil er eine Beziehung mit einer meiner Freundinnen hat. Mißbraucher sind immer andere. Die, die man nicht kennt. Diesen Mann aber kenne ich. Ich beginne, an meiner Wahrnehmung zu zweifeln. Vielleicht hat das Kind ja doch geweint und geschrien, wie er sagt. Vielleicht reimen wir uns das alles nur aufgrund seiner Äußerung zusammen. Von den drei Frauen im Team bin ich diejenige, die sich am intensivsten mit sexuellem Mißbrauch auseinandergesetzt hat. Bin ich nur deshalb so mißtrauisch?

Während der Freizeit ging es mir schlecht. Wir sprachen nicht mehr weiter darüber im Team. Bei einem Frühstück brach ich in Tränen aus und wußte nicht, warum. Ich wollte ihm glauben. Suchte nach Erklärungen, aber fand immer nur die eine: Er hat sich aus eigenem Antrieb zu dem Kind ins Bett gelegt. Er lügt. Das Kind hatte nicht gerufen. Aber er hatte ja alles abgestritten. Wir ließen ihn nicht mehr aus den Augen.

Danach folgten Teamgespräche mit ihm. Er kam vorbereitet, mit einer Stichwortliste über sexuellen Mißbrauch, wollte mit uns über die Thematik reden. Widersprüchliche Aussagen häuften sich, ich kam mir beschissen vor, ihn in die Enge zu treiben, schlug vor, andere männliche Mitarbeiter aus der Einrichtung zu seiner Unterstützung in die Gespräche einzubeziehen. Er willigte ein. Was nun folgte, war die Hölle.

Der Mann traf sich mit zwei Mitarbeitern, erzählte seine Version, ohne daß wir von diesem Treffen wußten. In der darauffolgenden Teamsitzung, in der wir mit den drei Männern saßen, kam es zu scharfen Angriffen gegen uns. Der Verdacht sei abstrus. Phantasie und Realität hätten nichts miteinander zu tun. Auch wenn man der Schwiegermutter den Tod wünsche, müsse man sie deshalb nicht umbringen. Diese Phantasien seien normal, und das Kind werde wohl geweint haben, ohne daß wir es hörten. Meine Verunsicherung wuchs. Gegenüber den anderen MitarbeiterInnen der Einrichtung wahrten wir Schweigen, um den Mann nicht unnötig einer Stigmatisierung auszusetzen. Bis wir erfuhren, daß er hinter unserem Rücken bereits mit anderen Bezugspersonen gesprochen hatte. In der Einrichtung entstanden Gerüchte und Fronten, noch bevor wir ein einziges Wort dazu gesagt hatten und unseren Verdacht begründen und darlegen konnten. Daraufhin stellten wir die Situation in der wöchentlichen Dienstbesprechung aller MitarbeiterInnen der Kindereinrichtung dar.

Wir wollten nicht, daß der Mann in unserem Team arbeitete, bis der Verdacht sich geklärt hatte und wir ihm vertrauen konnten. Der Mann fühlte sich verleumdet. Er sei Opfer unserer eigenen Phantasien. Seine Vorstellung, mit diesem Kind im Bett zu liegen, seine Empfindung, es sei erotisch, wolle er so definieren: Auch Kunst sei erotisch. Er sei kein »Päderast«. Uns wurde vorgeworfen, wir hätten ihm eine Falle gestellt. Es wurde behauptet, wir trieben ihn in den Selbstmord. Ungeheuerlich sei es, einen Mitarbeiter so zu verdächtigen. Wir hätten persönliche Aversionen gegen ihn, nur deshalb würden wir den Verdacht auf sexuellen Mißbrauch benutzen, um ihn aus dem Team zu entfernen. Ich sei sowieso lesbisch, was wolle man da anderes erwarten. Da könne ja kein Mann mehr mit Kindern arbeiten, wenn man sich die Mißbrauchsstatistiken ansehe. Es sei normal, daß Mädchen einen Mann erregen, wenn sie beispielsweise beim Vorlesen auf dem Schoß sitzen. Das habe keine negativen Folgen. Immer wieder wurde – besonders von anderen Kolleginnen – betont, daß unser Mitarbeiter unreif sei. Er meine bestimmt nicht, was er da gesagt habe. Nicht alle aus der Gruppe reagierten so, aber die meisten.

Freundschaften zerbrachen. Nicht unser Mitarbeiter wurde befragt, sondern wir standen im Kreuzfeuer der Kritik. Unsere Bitte um Hinzuziehung von SupervisorInnen wurde während der ersten Wochen abgelehnt. »Braucht ihr etwa einen Anwalt?« hieß es. Ja, wir brauchten Hilfe. Als verklemmt, unglaubwürdig, voll blühender Phantasie wurden wir dargestellt, persönliche Kenntnisse wurden systematisch genutzt, uns zu diffamieren. Ich konnte und wollte nicht glauben, was da vor sich ging. Verstand nicht, warum so viele pädagogische MitarbeiterInnen überhaupt keine Fragen an den Mann hatten. »Wir reden nicht über sexuellen Mißbrauch, sondern über eure Phantasien und Probleme«, hieß es. Meine Mitarbeiterinnen und ich waren am Ende mit unseren Nerven. Wir arbeiteten zu dritt mit der Kindergruppe weiter, machten haufenweise unbezahlte Überstunden. Eine meiner Mitarbeiterinnen erkrankte psychosomatisch. Ich war völlig verunsichert, konnte und wollte aber meine Wahrnehmungen nicht leugnen, sondern klären. Uns wurde verboten, mit den Eltern zu reden. Nach langem Zögern unterrichteten wir dann doch zumindest die Eltern des Kindes, bei dem ich ihn im Bett gefunden hatte. Als wir nicht mehr weiterwußten, suchten wir eine Beratungsstelle von *Wildwasser* auf. Die Supervisorin half uns zu verstehen, in welcher Lage wir uns befanden:

Wir verhielten uns einerseits wie die Mutter eines sexuell mißbrauchten Mädchens. Wir versuchten, »die Familie« zu retten, ihren Ruf in der Öffentlichkeit nicht zu gefährden und unseren Mitarbeiter vor Gerüchten zu schützen. Wir standen in einem Loyalitätskonflikt zwischen dem möglicherweise betroffenen Kind und unserem Mitarbeiter und der Einrichtung.

Andererseits waren wir selbst mit Reaktionen konfrontiert, die sonst typisch für das Verhalten gegenüber einem betroffenen Mädchen sind, die den Mißbrauch aufdecken will. *Wir* wurden angegriffen, unsere Wahrnehmungen wurden angezweifelt, wir wurden diffamiert, um uns mundtot zu machen.

Dann häuften sich Anwaltsschreiben in unseren Aktenordnern. Unser Mitarbeiter drohte mit einer Unterlassungsklage, wir sollten uns verpflichten, den Verdacht niemandem gegenüber mehr zu äußern, und bei Zuwiderhandlung eintausend Mark Vertragsstrafe zahlen. Wir suchten eine Rechtsberatung auf. Kurz danach bekamen wir die ersten Kündigungsandrohungen durch den Trägerverein unserer Kindereinrichtung. Dienstanweisungen, in denen wir zum Schweigen aufgefordert wurden und zur sofortigen Zusammenarbeit mit dem Mitarbeiter verpflichtet werden sollten. Die Vorsitzenden des Vereins, der als Arbeitgeber fungierte, waren MitarbeiterInnen aus der Kindereinrichtung. Ich war noch in der Probezeit und hielt eines Tages fassungslos und empört die Kündigung in meinen Händen.

Wir informierten die Elterngruppe, ein Elternabend jagte den nächsten. Die Eltern waren über unser Schweigen – zu Recht – empört. Aber sie solidarisierten sich mit uns. Wir zogen mit der Kindergruppe aus den Räumlichkeiten aus. Mehrere Monate arbeiteten wir unter fast unerträglichen Bedingungen in einem kleinen Raum mit der Kindergruppe, bis wir neue Räume gefunden und hergerichtet hatten. Ein neuer Kinderladen entstand. Unser Mitarbeiter blieb in der Einrichtung. In dem halben Jahr des

Konflikts gelang es nicht, durch qualifizierte Gesprächsführung zu klären, ob unser Verdacht begründet war oder ob nicht. Ich weiß es bis heute nicht. Aber ich bin mir sicherer denn je, daß wir *das Recht und die Pflicht* hatten, auf einer Klärung zu bestehen, uns am Schutz der Kinder und nicht am Schutz des Mitarbeiters zu orientieren.

Für mich war der Konflikt eine innere Zerreißprobe. Ich konnte meine Zweifel, Ängste und Wahrnehmungen nicht verleugnen, ich wollte es nicht. Aber ich hielt den Angriffen durch die anderen Bezugspersonen kaum stand. Freundschaften und private Kontakte zerbrachen. Die Angst, den Mann zu Unrecht zu verdächtigen, belastete mich stark. Ich zweifelte immer wieder an meiner Haltung, schon weil ich ja seit längerem vermutete, ich selbst könnte von sexuellem Mißbrauch betroffen sein.

Auszug aus meinem Tagebuch

»Gestern abend fing der Ausschlag an meinen Händen wieder an. Ich konnte zusehen, wie die kleinen roten Punkte entstanden. So stark habe ich körperlich im ganzen Konflikt noch nicht reagiert. Mein ganzer Unterleib war verkrampft, und heute früh mußte ich würgen.

...

Vielleicht sollte ich Therapie machen. Muß ja nicht lange sein. Ich möchte gern mal über alles im Zusammenhang reden: über meine Eltern; über Beziehungs- und Männerprobleme; über Konfliktfelder, in denen ich mich immer wieder finde; über Ängste. Aber noch schrecke ich vor diesem Schritt zurück. Denke, Probleme haben alle. Ich komme ja mit meinem Leben ganz gut klar.«

Hilfe!

Bald darauf begann ich meine Therapie. Ich brauchte viel Mut, diese Entscheidung zu treffen. Ich hatte erlebt, wie meine Schwester während ihrer Therapie psychotisch wurde und sich das Leben nahm. Der Schritt in die Therapie war für mich Morddrohung und Heilungswunsch zugleich.

Ich hatte Vorbehalte, jemanden dafür zu bezahlen, mir zuzuhören und zu helfen. Von meinen Freundinnen erhielt ich Zuspruch oder Einwände gegen die Therapie. Ich konnte selbst nicht genau sagen, wofür ich mich in die Hände einer Psychologin begeben wollte. Aber mein inneres Chaos hatte eine solche Dimension erreicht, daß ich es für nötig hielt. Es war mir wichtig, herauszufinden, warum mich der Selbstmord meiner Schwester immer noch so belastete. Auch hatte ich die Hoffnung, in der Therapie zu klären, ob ich als Kind sexuellen Mißbrauch erlebt hatte oder nicht. So war es mir wichtig, eine Therapeutin zu finden, die sich mit der Thematik beschäftigt hatte, bei der ich nicht mit »blinden Flecken« rechnen mußte. Ich dachte: Wenn ich wirklich mißbraucht wurde, dann finde ich es hier heraus. Sehr große Angst hatte ich vor Abhängigkeit. Einem anderen Menschen so ausgeliefert zu sein, erfüllte mich mit absoluter Panik. Das führt auch heute noch zu vielerlei Widerständen, Fluchtreaktionen und spielerischem Wortgeplänkel während meiner wöchentlichen Stunden. Die unbewußte Angst vor erneutem Machtmißbrauch, Manipulation und Gehirnwäsche saß mir oft im Nacken, der während der Stunden zuweilen angespannt zitterte und vibrierte.

Eine Woche nach dem Erstgespräch mit meiner Therapeutin schrieb ich in mein Tagebuch: »Irgendwie scheint es sich entschieden zu haben, daß ich Therapie machen will.« Ich brauchte Hilfe – und ich habe Hilfe gefunden.

Woche für Woche setzte ich mich nun in den schwarzen Ledersessel. Begann die Expedition durch meine Gefühle, Erinnerungen und Phantasien an der Seite meiner Therapeutin.

Während der ersten Monate erzählte ich viel von meiner Schwester. Arbeitete mich Schritt für Schritt durch den Tunnel meiner Traurigkeit und Selbstvorwürfe hindurch.

Eine Woche bevor ich mich an den sexuellen Mißbrauch erinnerte, schrieb ich meiner Schwester einen letzten Brief.

Abschied

Liebe Schwester,

Nun ist es schon das sechste Jahr, in dem der Dialog zum Monolog wurde. Das sechste Jahr des Abschieds. Von Dir wird nicht mehr viel sein, dort unten im Sand. Und ich bin diese Woche achtundzwanzig Jahre geworden. Du weißt vielleicht, ein etwas magisch besetzter Geburtstag. Ich habe überlebt. Mit Hilfe, und ich hoffe und glaube, besserer Hilfe, als Du sie von Deinem Therapeuten hattest.

Nun, es kann auch sein, daß meine Schwierigkeiten mit dem Leben und der Welt nicht so schrecklich sind, wie es Deine waren. Kann sein. Auch wenn ich anscheinend nach bestem Wissen und mit schlechtem Gewissen versucht habe, Dir gleich zu werden.

Meine Freundinnen tragen Dein Gesicht, bei jeder Nähe droht der Verlust, und die Depression baut mir noch immer Brücken zu Dir. Im Spiegel sehe ich auch Deine Züge, ich denke auch Deine Gedanken, erschrecke vor Deinen Phantasien. Keine Angst. Ich verwechsle uns noch nicht – nicht mehr.

Aber Du wirst mir zustimmen, daß ich sechs Jahre lang um Dich getrauert, gegen Dich gewütet, Dich angeklagt und verteidigt habe. Ich war innerlich oft so tot wie Du. Ich vermute nicht, daß Du das wolltest, es darauf abgesehen hattest. Aber der Brocken war zu groß – und wenn er nicht runterrutscht, um endlich verdaut zu werden, dann droht Erstickungsgefahr.

Ich verstehe Deine Entscheidung besser denn je. Ja, ich nenne es immer noch Entscheidung, doch beim Schreiben drängen die Worte Verzweiflung, Angst, Wahnsinn hoch. Ich kann noch immer nicht akzeptieren, daß Du zu schwach warst, wenn auch stark genug für diesen Sprung. Schwester, wir sind jetzt an einem Stück des Weges, an dem wir uns die Hand geben und Abschied nehmen müssen. Auch *das* hast Du versäumt, und posthum ist es bitter.

Ich weiß, ich habe mir damals alle Sinne getötet, um nicht Abschied nehmen zu müssen. Einer der Fehler, die sich in endloser Reihe aneinanderaddieren. Aber auch die Fehlersuche muß einmal zu Ende sein.

Ich kann nicht mehr hinter Dir hergehen. Unsere Wege müssen sich trennen. Ich kann Dich auf meinem nicht tragen, dazu bin ich zu schwach. Magenbeschwerden und eine Neurose habe ich schon, und zur Psychose und Psychosomatik will ich es nicht kommen lassen. Auch zum letzten Sprung, dem inneren und äußeren, fehlen mir Wille und Mut. Noch lebe ich dieses Leben zeitweise gern.

Ich habe Dich noch in Erinnerung. Keine Heilige und kein Teufel ist aus Dir geworden. Dafür bin ich dankbar. Diese Erinnerung ist keine Bürde, ich kann sie mitnehmen. Mensch, das hättest Du nicht gedacht, wie sehr Du alles verändert und bewegt hast mit diesem Sprung. Zu spät für Dich. In mancher Hinsicht bin ich wieder Deine jüngere Nutznießerin. Aber um welchen Preis. Es gibt nicht mehr viel zu fragen, und Antworten bleiben nun im sechsten Jahr aus.

Wie lange darf, kann und soll ein Mensch trauern? Ich spüre, meine Zeit ist langsam zu Ende. Mein Weg wird ein anderer sein als der Deine. Ich wäre gern ein Stück mit Dir gegangen, hätte Dir alles erzählt und Deine Fragen und Deinen Rat gehört. Nun, ich lebe mit Krücken weiter, aber auch mit denen läßt's sich gehen. Dein Tod hat mich älter, aufgeschlossener, reifer und lebendiger gemacht. Das habe ich daraus gemacht. Den Kampf um meine Geschichte und meine Vollständigkeit habe ich aufgenommen. Wenn ich sterben werde, verdanke ich Deinem Tod, daß ich nicht unvorbereitet bin. Mein Leben hat seitdem den Kontrapunkt Tod, und das, so liest es sich allenthalben, ist Bedingung der Lebendigkeit.

Selbstmord. Das klingt nach Täterinnen, kaum nach Opfern. Wenn auch das *Selbst* unser Wichtigstes ist. Und wieviel Worte sind damit verknüpft. *Selbst*-Haß, -Zweifel, -Gefälligkeit, -Verständnis, -Erhaltung und -*Mord.* Ich mag dieses Wort nicht. Auch wenn es als einziges so brutal und erschreckend klingt, wie Dein Sprung es war.

Schwester, ich zögere es hinaus, ich merke es. Soll das nun mein letzter Brief an Dich sein? Der im Ordner bleibt wie all das Geschriebene die Jahre zuvor? Wie all das Ungesagte, das Du nicht mehr hörst? Ich sagte vor einigen Stunden zu meiner Therapeutin: »Ich bin nicht gut im Abschiednehmen, fürchte ich.« Lieber hätte ich Dir das selbst gesagt. Aber da wußte ich es noch nicht.

Mit Genugtuung, ich gestehe es, bemerke ich, daß ich Glück habe. Glück mit meinem Lebenswillen. Glück mit der Wahl meiner Therapeutin. Manchmal hoffe ich still, daß doch nicht ich es bin, die als nächste dort neben Dir im Sand liegt. Oder ich träume Dich aus Deinem Grab heraus, und wir trinken Tee, reden über damals. Auch das lerne ich nun. Phantasieren ist nicht verboten. Dir tut ja doch nichts mehr weh. Wenn, dann verletze ich mich selbst. Jahrelang habe ich es perfektioniert. Besser, als Du mich je hättest strafen können für meine unterlassene Hilfe. Ich habe mich mit Schuld, Verdammung, Aggression und Angst gepeitscht. »Gewogen und zu leicht befunden« stand neben dem Urteil »Schuldig!« in dicken Lettern an den Wänden. Da brauchte ich nicht zur Sprühdose zu greifen. Die Schrift brennt mir auch so in Herz und Hirn. Ich habe mich gequält. In der Familie wurden Anklageschriften reihum gereicht. Alle waren schuldig. Du auch. Seit einem halben Jahr befinde ich mich in der Revisionsverhandlung. Stehe Rede und Antwort. Ein gespenstischer Reigen in meinem Kopf. Aber der dürfte Dir ja hinlänglich bekannt gewesen sein.

Meine liebe, große Schwester.
Wenn ich will, daß es mir schlechtgeht, brauche ich nur an Dich zu denken. Es ist dies kein ehrendes Angedenken. Ich spucke Tränen, Rotz, Galle und Elend. Freue mich schon, wenn ich spucke statt schlucke, Du. Nicht Deine Schuld. Das Leben hat mich so gemacht.
Wenn ich zu meiner Gitarre greife, sitzt Du schon wieder neben mir. Auch beim Malen viel zu oft. Oder ich begegne Dir beim Lesen. Manchmal bist Du wie Gallert. Das klebt, glitscht, wabbelt und ätzt in meinen Gedanken. Das größte Problem ist die »Trauerarbeit«, wie Freud und meine Therapeutin sie nennen. Die Identifikation. Das Einverleiben der Toten. Bis ich nicht mehr weiß: Bin ich Du? Oder Du ich? Wo bin ich? Wo bist Du? Gibt es dieses UNS für immer? LASS MICH LOS! Würde ich gern rufen.

Es liegt in der Natur der Sache, daß *ich* es bin, die sich lösen muß. Freistrampeln, um wieder Luft und Zukunft zu haben, Bindungen zu riskieren, ohne die Angst, die Leute stürben mir weg.

Bei der Suche nach dem Gift – in Deinem Körper, in der Kaffeemaschine und der Melkkammer – hätte ich Dir heute Tilmann Mosers Buch »Gottesvergiftung« anbieten können. Wir haben da beide eine Überdosis abbekommen. Wirkung und Nebenwirkungen sind langlebig und zäh. In meinem Fall ist das so. Du bist ja tot. Diese Gottespillen erscheinen mir jedenfalls bedrohlicher noch als die Psychopharmaka, deren pünktliche Einnahme Dich dreimal täglich in solche Aufregung versetzte.

Wenn Jesus das Kreuz hätte überleben können, dann aus einem Motiv: HASS. Aber seit er fragte, warum ihn sein Gott-Vater verließ, die Hinrichtung seines Sohnes als Opfergabe nahm, ließ er nichts von sich hören. Wird wohl so tot sein wie Du. Nur die Pfaffen predigen weiter dem WAHREN, SCHÖNEN und GUTEN... WO?

Du merkst, wir sind noch nicht fertig miteinander. Noch schreibe ich Dir im Präsens, und Konjunktiv ist auch bei besserem Wissen anstrengend. Ob ich Dir diesen Brief je geschickt hätte? Wohl nicht. Zu groß die beiderseitige Verletzungsgefahr. Wunden haben wir ohnehin genug. Nur bei Dir ist die Narbenbildung ausgeschlossen. Statt dessen wachsen aus Dir Bäume, weht im Sommerstaub auch ein Partikel von Dir. Oder ist der Sarg noch heil? Nach sechs langen Jahren? Ich habe mir Dich darin immer vorstellen müssen. Auch eine Szene meines privaten Gruselfilms. Wie so viele sonst. – Noch heute sehe ich Dich manchmal durch die Höhe trudeln, dem Aufprall entgegen. Mir schnüren sich Magen und Herz zusammen, versetze ich mich in die Wirklichkeit, die Du Dir schufst. Die quälenden Ängste und Zwänge. Du darin oft Spielball statt Mensch, hilf-los.

»Laßt die Toten ruhen.« Wenn sie nachts aber in meinen Träumen und tags in meinen Gefühlen spazierengehen? – Neurotisch.

Was aber führt zur Neurose, wenn nicht all die waghalsigen Gefühle und Gedanken, die ins Einmachglas kommen, damit sie einem nicht den Hals brechen? Ich habe die Schnauze voll vom Einmachen und Eingemachtwerden. Ich stehe auf Frischobst.

175

Nun, Schwester, da Du selbst allerlei zu wüten und zu ertragen hattest, kann ich auf Dein Verständnis hoffen. Dies nämlich ist ein rarer Wert. Wenn auch nicht verurteilt im FreundInnenkreis, so wirken Schuld und Wut doch oft befremdlich. Meine Therapeutin ist da eine Ausnahme. Sie ist professionelle Wutsucherin oder so etwas. Hat Dein Therapeut das auch bei Dir gemacht? Hast Du ihn zeitweilig kräftig entwertet? Darf ich also auch Dich entwerten? Darf ich neben der liebevollen auch die bitterböse Wahrheit wissen und schreiben?

Du hast mir keine Zeile Deines Abschiedsbriefes gewidmet. Nichts hast Du getan, damit ich mit Deinem Tod leben lernen könnte. Nun, ich habe es geschafft. Aber das verdanke ich nicht Dir. Habe ich Dir so wenig bedeutet? Fairerweise muß ich sagen, damals warst auch Du mir unwichtiger als heute. Wolltest Du unseren Eltern mit Deinem Sprung einen tödlichen Hieb versetzen, warst Du Dir dessen bewußt? Hast Du an Deine FreundInnen gedacht? Warum hast Du mir das Joch wie Jeremiah auf die Schulter gelegt, daß ich es trage? Warum hast Du mich an Deinen Tötungsphantasien teilhaben lassen, nicht aber an Deiner Entscheidung? War ich Dir egal, gut genug, mich um die Eltern zu kümmern? Dein Gewissen zu entlasten? Ich weiß, ich weiß – es bedurfte der Entlastung. Aber es war mehr, als ich zu tragen vermag. Ich gebe diese Last zurück. Ich habe schon drei Wochen nach Deinem Tod versagt, und das war gut so.

Deinen angebeteten Therapeuten hätte ich gern mit meinen Vorwürfen konfrontiert. Deine Tagebücher gern gelesen. Zwei Gründe halten mich ab. Respekt vor Deinem Willen und Angst vor der Identifikation im Detail. Trotzdem.

Hältst Du es aus, wenn ich sage, ich habe Angst vor Dir gehabt, damals im Wald, als Du mich danach gefragt hast? Hältst Du es aus, daß ich trotz aller Einwände und Relativierungen immer noch sage: Du hast den Fehler Deines Lebens gemacht? Ich werfe Dir Deinen Tod als verfrühte Entscheidung vor. Trotz Amerys Buch »Hand an sich legen«.

Wir haben es mit keinem Kurzschluß zu tun. Sozusagen Tötung im Affekt. Sondern mit geplantem Mord. Wenn nur das Wort *Selbst-* mir nicht immer wieder quer im Magen läge, beim Denken und Fühlen. Wenn nur mein Magen sich nicht immer um-stülpte, ich schlechten Gewissens bereit wäre, geschlagen heim-zuziehen. Nun, ich lebe in einem Land der Schläger und der Ge-schlagenen. Eine alte Geschichte, und Du nur eine von Milliar-den.

Die Bücher haben mich nicht weiser gemacht. Ich weiß nun viel über Suizid, Selbstmord, Freitod, Hand-an-sich-Legen. Ich weiß noch nicht, warum ich den Fahrradkeller aufschließe und denke, da hat sich jemand erhängt. Ich weiß noch nicht, warum und wie Du es geschafft hast, die Feier mit Deinen MitpatientInnen und Deinem Therapeuten durchzustehen und hinterher, zwei Stunden danach, tot zu sein. – Und ich hänge am Telefon und versuche, Dich zu erreichen. Unfair.

Ich kenne die Statistiken. Du bist vom Alter, Geschlecht und To-deszeitpunkt her ein eher ungewöhnlicher Fall. Du hast Dich nicht an die Statistiken gehalten. Vom Hochhaus springen nennt man einen aggressiven Suizid. Im Gegensatz zum sanften Tod. Nun, Du hattest es mit Schienen und Häusern. Mir würde es auch so gehen. Das, was ich habe, das ist eine depressive Reak-tion. Weißt Du, die ist bedingt, auch und besonders, durch den aggressiven Akt Deines Sprungs. Aber auch wenn Du an Krank-heit oder durch Zufall gestorben wärst, hätte ich mir diese psy-chische Pest holen können. Dir ist also wenig Vorwurf zu ma-chen. Erst recht nicht da unten im Sarg.

Sonst bringen sich die Leute eher morgens um. Hast Du das ge-wußt? Es sind mehr Männer als Frauen. Und die Frauen haben noch ein paar Jahre gewartet im Durchschnitt. Viele halten es erst alt und abgeschoben nicht mehr aus. Wenn ich so alt würde, könnte ich auch für nichts garantieren. Aber ich glaube nicht, daß ich dieses Alter erreiche. Keineswegs.

Also, ich glaube für meinen Teil, ich hätte die Wut auf die jüngere Schwester ertragen. Nicht freudig, na klar. Ich hätte damit leben können. Du konntest es nicht. Der Beweis ist erbracht. Der Sprung ist gesprungen. Sprung ist überhaupt ein ganz falsches Wort. Ich stelle es mir eher vor als Schritt ins Leere. Auf einmal ist da nichts mehr unter dem einen Fuß. Dann verlagert sich das Gleichgewicht, Du sackst ab, Du stürzt. So viele Stockwerke entlang, die Du vor Schreck nicht wahrnimmst. Wird es weh tun? Wirst Du wirklich tot sein?

Und dann das Erstaunen beim Aufprall. In Deinen Augen deutlich zu sehen in der Gerichtsmedizin. So gut kannten wir Dich, um uns in diesem »Fall« sicher zu sein. Du sahst erstaunt aus. Unendlich verwundert. Wie hast Du den Tod erlebt? Es stirbt halt jede nur ihren eigenen Tod.

Deine Psychose. Jahrelang habe auch ich auf die Psychose gestarrt und gewartet. Aber nicht mal jetzt, in der Therapie, überfallen mich hinterrücks Wahnvorstellungen, die ich von der Realität nicht zu trennen vermag. Ich warte nicht mehr ab. Ich entscheide, ich bin nicht psychotisch. Wahrscheinlich nicht, jedenfalls. Weder Du noch ich haben es geschafft, mich verrückt genug zu machen. Ich habe mich Dir angenähert bis ins Detail. Alter, Therapie, Studium. Aber die Psychose stellt sich nicht ein, und mir fehlt die Absicht, mich umzubringen. Sicher ist, ich bringe viel eigenes Potential mit in diese Auseinandersetzung. Wozu waren wir Schwestern? Anderen scheint es anders zu gehen, wenn sich jemand umbringt. Das Leben nicht mehr aushält und Schluß macht. Für diese Hinterbliebenen bleibt mehr Abstand. Du aber hast mich in den Strudel reingezogen, in dem ich nun bald sechs Jahre lang paddele. Du hast mir Deine Phantasien und Ängste mitgeteilt, mich zur Verschworenen im Verfahren um Deinen eigenen Tod gemacht!

Ich blieb mit unseren Eltern allein, mit dem Messer, das unsere Familie zerschnitt. Ich habe Dich im Keller gesehen, mit den Bullen geredet, mir den Blutfleck ins Gedächtnis geprägt und Dein Grab mit ausgesucht. Ich saß bei der Predigt wie eine Besucherin vom anderen Stern. Habe Dich in die Kühlhalle begleitet und Erde auf Deinen Sarg geworfen. Eigentlich hätten wir da schon Abschied nehmen sollen.

Ich habe gewartet. Sechs lange Jahre gewartet, und beim Schreiben fürchte ich, da kann auch noch das eine oder andere Jahr hinzukommen. Nun denn, wir haben beide Zeit. Ich hier oben, Du da unten. Nur will ich meinen Weg nicht mehr mit Deinem verwechseln. Die Menschen, die ich liebe, auch nicht mehr mit Dir. Ist Seelsorge vererbbar? Erlernbar jedenfalls. Ich breche nur gelegentlich unter der Last zusammen, die Experten als Helfer-syndrom bezeichnen. Na ja, jedenfalls kann ich mit meinen Macken leben und alt werden, anders als Du. Wenn ich nicht vor-her Lungenkrebs kriege, ein Auto mich totfährt oder sonstwas geschieht. Auf diesen Augenblick der Wahrheit warte ich noch. Anders als Du. Bis dahin aber will ich ein Leben führen, das mög-lichst frei ist von der Depression, den Selbstvorwürfen, Ängsten und Zweifeln, in die Dein Tod mich führte.

Ich umarme in Gedanken die, die Du einst warst.

Deine Schwester

Die Erinnerung

Eine Woche, nachdem ich diesen Brief schrieb, tauchte in mir die erste Erinnerung an den sexuellen Mißbrauch auf. Meine Freun-din besuchte mich. Wir saßen auf meinem Bett, tranken Kaffee, unterhielten uns. Ich erzählte von der Allergie an meinen Hän-den. Dem Aus-Schlag. Ich beschrieb, wie diese roten juckenden Punkte auf meiner Handfläche blühten, als ich mit dem Verhal-ten meiner KollegInnen in der Kindereinrichtung konfrontiert war.

Ich erwähnte, daß ich diese Allergie habe, seitdem ich als Kind in unserem Schuppen ein komisches Ding berührte. Etwas wie ein Igel, naß, aus Borsten, Schaum und Metall. Wohl eine Kin-derphantasie. Plötzlich verschlug es mir die Sprache. Mich durchdrang ein Gefühl von Panik. Absolute Angst und Ohn-macht. Erinnerungsblitze durchzuckten mich. Die Mistgabel. Ein Türriegel. Fluchtgedanken und Ekel. Ich war auf einmal voll Wut. Stand auf, legte eine Schallplatte mit lauter, aggressiver Musik auf, verstand nicht, was mit mir geschah.

Am folgenden Abend erinnerte ich mich. Tränen flossen mir übers Gesicht, als ich auf meinem Bett lag und noch einmal die Gefühle und Bilder durchlebte, die sich damals während der Ver-gewaltigung durch den Küster in mich eingegraben hatten. Es war schockierend. Unfaßbar. Brutal.

Eine Woche verging. Ich erzählte meiner Therapeutin von der Vergewaltigung. Ich wurde schier in Fetzen gerissen von der Vermutung, die sich, durch einzelne Bilder und Erinnerungen gestützt, in mir verankerte. Ich wollte und konnte mir nicht vorstellen, daß auch mein Vater sexuelle Gewalt gegen mich ausgeübt hatte. Dann kam der zweite Erinnerungsschub. Der nasse Fleck im Bett. Ich versuchte, mich der Wahrheit zu stellen. Ich erinnerte mich an mehr und mehr Übergriffe. Ich erinnerte mich an Gefühle, an Szenen in meinem Kinderzimmer, an Körpergefühle.

Ich verstand, daß ich als Kind tatsächlich den Verrat meines Vertrauens, meiner Zuneigung und Bedürftigkeit erlebt hatte. Ich verstand, daß ich die sexuelle Gewalt verdrängt hatte, die mein Vater mir zufügte.

Plötzlich war ich »betroffen«. Eine von vielen Frauen, über deren Kindheit und Verletzungen ich all die Bücher und Berichte gelesen hatte. Ich hatte große Mühe, meinen Erinnerungen Glauben zu schenken. Doch die Bruchstücke meiner Erinnerungen verdichteten sich zu dem Satz, mit dem ich meine nächste Therapiestunde begann. »Ich weiß jetzt, was mein Vater mit mir gemacht hat, als ich noch klein war.«

Danach begann ich zu schreiben. Dieses Buch wollte geschrieben sein. Manchmal war ich nur Ausführende der Geschichte, die da in die Tasten floß. Mitten im Zigarettenrauch, eine Tasse Kaffee neben mir, schrieb ich. Tage und Nächte. Ich hatte kein Konzept, keine Gliederung, wie es mir im Deutschunterricht immer wieder eingehämmert wurde. Ich überließ mich meinen Erinnerungen und Assoziationen. Eine Suche nach meiner Geschichte, meinem Erleben, meiner Wahrheit. Ich fand meine Gefühle. Näherte mich ihnen vorsichtig an, zog mich erschreckt zurück. Ich konnte fühlen, wie ich es bei den Schilderungen anderer AutorInnen kann. Heilendes Schreiben.

Aber die Wort- und Erinnerungssuche war begleitet von Scham, Schuld und Rache. Immer wieder zweifelte ich. Angst. Was erleben die LeserInnen meiner Geschichte? Was werden sie über mich denken? Unkontrollierbare Reaktionen. Der autobiographische Bericht über sexuelle Gewalt, über eine verletzte Kindheit, über den Selbstmord meiner Schwester ist persönlich und auch intim. Ich hatte Angst, mich zu öffnen. Ich entschied mich dafür, ermutigt von den SchriftstellerInnen, die mir auf der Suche nach meiner Geschichte ihre Gedanken und Erfahrungen zur Verfügung gestellt hatten. Ehrlich gesagt hatte ich keine Wahl. Ich mußte dieses Buch schreiben. Es wollte entstehen. Ich war anfangs entschlossen, unter meinem Namen zu veröffentlichen. Als Antwort auf die Verletzungen durch meinen Vater. Aber es geht nicht um ihn. Es geht um mich. Es ist *meine* Entscheidung, einen neuen Namen zu finden. Zu meinem Schutz. Ich möchte nicht mit dem Stigma einer Betroffenen leben. Ich werde selbst entscheiden, mit welchen Menschen ich über mein Buch und meine Geschichte sprechen will.

Gratwanderung

Als ich klein war, fiel ich auseinander. Ich errichtete Mauern zwischen verschiedenen Gefühls- und Gedankenzuständen und trennte sie, so gut ich es vermochte. Ich hätte zerbrechen können an dieser verrückten Situation. Ich habe es so geschafft. Ich habe mich gespalten, bis ein Teil meines Selbst dem anderen fremd war. Von da an lebte ich mit dem stummen Chaos. Immer hatte ich Angst vor mir selbst. Jetzt bin ich aus Bruchstücken gefügt. Geschichtsfetzen. Der von mir getrennte Körper. Gefühlsbrocken. Die scheinbar nicht mir gehören. Die ich nicht integrieren kann. Die mich bedrohen, weil sie fremd sind. Nicht in mein Selbst passen wollen.

Wieder und wieder habe ich unendliche Kraft gebraucht, die aufbrausende Verrücktheit abzuwehren. Atmen. Weiterfühlen. Nur nicht komisch, anders, leer, fremd werden. Wieviel Kraft hat es mich gekostet, dabei meine Würde zu wahren. Daran zu glauben, daß ich im sozialen Bereich arbeiten kann. Welche Kraft habe ich gegen brutale sexuelle Phantasien aufgewendet, um den Männern keine Macht – wenn auch nur in Phantasien – über mich zuzugestehen. Welch ein erbitterter Kampf. Um mich, für mich, gegen mich.

Nun bröckeln die Mauern. Altes drängt aus verstaubten Tiefen mit voller Wucht ins helle Tageslicht. Wie ein Sturm wirbele ich durch Welten, die einander nicht kennen. In der Mitte baue ich Felsgestein auf. Dort steht, vom Orkan umtobt, mein Ich. Es hilft ungestüme Kräfte zügeln, mit denen die Gefühle mich durchtoben. Angst und Gewalt, Schmerz und Panik, Ohnmacht und Entleerung packen mich, schütteln mich, treiben mich zur Auflösung. Ich finde keinen Ausdruck. Wo könnte ich schreien und toben, fluchen und erbrechen, mich verstecken und zittern? Wo ist der Schutz, in dem solches Erleben und Ausdrücken möglich ist? Vom sicheren Fels aus lenke ich den Strom in die Tasten meiner Schreibmaschine. In Bilder. In Musik. Eben noch haßerfüllt, kann ich im nächsten Moment nicht glauben, daß mein Vater diese Verbrechen an mir beging.

Ich beschwöre meine Therapeutin zu mir. Sie soll mich stützen, halten und begleiten auf diesem nachtschwarzen Gang durch Räume, die ich mit zitternden Händen mühsam verschloß, als ich noch klein war. Ein Kind, das sich weigerte, verrückt zu werden. Wie ich mich heute weigere und kämpfe. Ich habe es schon einmal geschafft.

Furchterregende Fabelwesen. Mit bleckenden Zähnen, feuerroten Nüstern, Krallen und Schuppen und einem Hauch von Verwesung. Sie fordern ein kleines Mädchen als Tribut. Sie quälen es. – Ich hole dich da raus! Diese Schmerzen, diese Angst, diese unendliche Erstarrung im Angesicht solcher Gewalt und Ignoranz. Ich hole dich da raus! Du setzt dich, holst Luft, zitterst und weinst, schreist und erbrichst dich. Wir werden Worte finden für das, was dir geschah.

Ich möchte die Alpwesen verbannen. Den Angstschweiß auf deiner Stirn trocknen. Deine kleine Hand beschützend halten. Deine Verstörung, deine Zerrissenheit, dein stummes Weinen packen mich. Ich erlebe sie noch einmal. Ich reiße die Mauern ein, die mich von dir trennten. Ich will dich wiegen, trösten und begleiten. Sexuelle Gewalt ist ein Verbrechen.

Du hast nicht nur überlebt, sondern bist zu einer Frau herangewachsen, der ich im Spiegel begegnen kann. Du hast mir geholfen, in meiner ganzen Zerklüftung, Zerrissenheit, Leere und Angst ein Mensch zu sein. In der Welt, die du fürchten und hassen mußtest, hast du eine Fähigkeit bewahrt und entwickelt, die ich voll Dankbarkeit von dir entgegennehme: Lebenswille, Achtung und Glaube an andere Menschen. Manchmal im Leben darf und sollte ein Mensch sich loben. Du, Kind, hast Lob verdient. Du hast verdient, daß ich nicht aufgebe. Die Flügel in den Sturm der Gefühle eintauche, die du damals nicht ertrugst. Du hast verdient, daß ich mich auf diese schwierige Reise mache, auf der ich viel riskiere. Die Angst vor ver-rückten Episoden beim Erinnern an diese frühen Gefühle kann und will ich mir nicht ausreden. Aber ich will das Risiko eingehen. Mir zuliebe und dem Kind, das ich einst war.

Du, im schwarzen Sessel, bitte hilf mir dabei. Ich brauche deine Anteilnahme. Ich benötige deine Begleitung bei Umwegen, Gratwanderungen, Verwirrungen und Verirrungen. Ich brauche deine Blicke, ich brauche dein Lachen, deine Betroffenheit. Ich brauche dich, um Halt zu bekommen, wenn ich mich in meinen vielen Teilen und Gefühlen verliere. Ich brauche deinen Glauben an meine psychische Gesundheit. Ich brauche deinen Schutz vor meiner Selbstverachtung. Ich brauche deine Parteinahme für meine Gefühle. Ich brauche dich. Längst schon bist du ein Teil meiner selbst. Dein Bild ist in mir, du bist da. Aber ich bin auch angewiesen auf deine unberechenbare, unvollkommene, reale Anwesenheit. Deine Gesten. All das nicht Gesagte, das sich zuweilen hinter dem Finger verbirgt, den du nachdenklich vor deine Lippen hältst. Ich brauche deine Fragen und deine Aufmerksamkeit. Eine Frau von achtundzwanzig Jahren bin ich, und ich erlaube dir zu bemerken, daß ich wie ein kleines Kind von dir gesehen und verstanden werden will und auch als die Frau, die ich heute bin.

Das Kind und ich, wir sind uns noch längst nicht vertraut und bekannt. Da gibt es noch viele ungewußte Erfahrungen und ungefühlte Zustände. Aber wir lernen uns kennen. Mancher Weg zu diesem Kind erscheint mir bedrohlich, als solle ich in die sichere Zerstörung gehen. Immer wieder brauche ich Zeit, um Atem zu holen. Mut, hinzusehen, zu spüren, zu wissen. Zum Handeln ist es heute zu spät. Ich wünsche allen Kindern, daß da Frauen und Männer sein mögen, die sich getrauen, wahrzunehmen, was geschieht. Die Schutz geben, wo schon lang keine Hoffnung mehr zu sein scheint. Die bereit sind, in den Schlamm zu steigen, sich am Feuer zu verbrennen, den Hals zu riskieren – die es tun, um die Kinder zu schützen, denn die haben ein Recht darauf.

Jetzt sitze ich und schreibe. Die Angst vor der Ver-rückung ist in Worte gebannt. Ich atme leichter. In mir steigt Fröhlichkeit auf. Ein leichtes Lächeln legt sich auf mein Gesicht. Mehr brauche ich auch gar nicht. Es genügt. Das Leben geht weiter.

Neuland

»Es zieht sich niemand am eigenen Schopf aus dem Sumpf.« Ein treffendes Bild. Dieser Versuch kann nicht gelingen. Warum auch? Nicht alle ZeitgenossInnen stehen im Sumpf, manche haben die Füße fest auf dem Boden und sind bereit, Hilfe zu leisten, wenn das Moor gefräßig brodelt, blubbert und saugt. Solcherlei Hilfsaktionen bringen die Beteiligten ins Schwitzen, außer Atem und manchmal auch aus der Fassung.

Wenn man ziemlich beschmutzt ist, mit zitternden Knien und um Luft ringend dasteht, sieht die Welt nicht frisch und neu aus. Das muß sie auch nicht. Die Sonne scheint hell, leuchtend, wärmend und lebenspendend. Nicht schwarz. Gelegentliche Sonnenfinsternis muß kein Drama sein. Mit festem Boden unter den eigenen Füßen, in dem weder Abgründe noch Fallen hinterlistig und heimtückisch aufklaffen, ist viel gerettet.

Neuland will ich betreten. Heilen. Das klingt so schön. Aber ich ahne und fürchte, so nett, wie es klingt, wird mein Weg nicht sein. Leichter vielleicht als der, den ich hinter mich brachte. Doch ich bezweifle, daß es eine wirklich vollständige Heilung von den Schäden des sexuellen Mißbrauchs für mich gibt. Mag sein, daß ich im Neuland eher Vertrauen entwickeln kann, meinen Körper und meine Gefühle schätzen und kennenlerne. Möglich, daß mir gelingt, was Ursula Wirtz in ihrem Buch »Seelenmord« so ausdrückt: »Diese Entscheidung, sich durch das Elend der Kindheit nicht länger beherrschen zu lassen, kann eine Inzestbetroffene nur dann fällen, wenn sie sich stark genug fühlt, ihr Leben selbst zu gestalten, wenn nicht länger der Mißbraucher im Zentrum ih-

res Lebens steht, sondern ihr eigenes Selbst.« (Zürich 1989, 214)
– Ich wünsche es mir.

Wie kann ich die Ähnlichkeit mit meinem Vater leugnen? Lang
sah ich die Welt durch seine Augen. Ich habe mir fast den glei-
chen Schreibcomputer gekauft, den er hat. Ich fand ihn am besten. Aber so plump lüge ich mir dann doch nicht in die Tasche.
Ich habe in mich hineingelächelt und den Computer heimge-
schleppt.
Mein Vater hat mir gezeigt, wie man Schuhe bindet, Brote
schmiert, Schach spielt und auf einem Grashalm pfeift. Von den
gemeinsamen Sitzungen in der Badewanne – die keineswegs angenehm waren – weiß ich, wie ich mich abtrocknen kann, ohne
das Bad zu fluten. Er lehrte mich lesen. Ich habe viele Gewohn-
heiten und Ansichten von ihm übernommen. Er war ja mein Vater. Ich trete das Erbe an. Aber die Erbstücke werde ich mir aus-
zusuchen wissen.
Neuland möchte ich betreten. Meinen Vater zurücklassen. Ich
werde herausfinden, wie es sich dort lebt.
»Mußt du alles verstehen, muß alles kontrollierbar sein und Kon-
sequenzen haben – oder dürfen wir hier auch auf Unvermutetes
und Unverhofftes stoßen?« fragte mich meine Therapeutin vor
einigen Monaten.
»NEIN! Das dürfen wir nicht«, wollte ich ihr antworten. Dabei
unterstellte ich ihr jedoch, daß sie mich ohnehin manipuliert und
mein Widerspruch zwecklos ist. Sie hat mein Vertrauen nicht
mißbraucht. Sie hat mich meinen Weg selbst gehen lassen, und
der führte genau dorthin: unverhoffte Erinnerungen. Schmerz-
hafte Erkenntnisse. Die befreiend wirken. Seit ich mich an das
Trauma erinnere, habe ich keine Magenschmerzen mehr. Mir
geht es besser. Die Schuld am Tod meiner Schwester ist mir genommen. Ich weiß allmählich, wer ich bin, woher ich komme.
Ich hoffe.
Ich sage meiner Therapeutin: »Wenn zu all den Fähigkeiten, die
ich durch den Mißbrauch entwickeln mußte, jetzt Lebendigkeit,
Gefühle und neue Körpererfahrungen hinzukommen – dann
kann ich vielleicht eine tolle Frau werden.«

Sie lächelt. Begegnet meinem Blick und fragt: »Bist du noch keine tolle Frau?«

»Nein, noch nicht«, antworte ich.

Es ist ein anstrengendes Unternehmen, den eigenen Wert kennen- und schätzenzulernen. Da war so viel Verachtung, Gewalt und Verrat. Es liegt an mir, wem ich Glauben schenke.

Dem Vater folgend, dem ich unterworfen war, finde ich mich wieder: Ein Stück Dreck im Sumpf.

Der Mutter folgend, die blind blieb für meine Verletzungen, finde ich mich wieder: Eine Fremde unter Frauen.

Der Schwester folgend, die mir so lange Orientierung war, finde ich mich wieder: Tot.

Dem Kind folgend, das all dies erlebte, finde ich zu mir. Diesen Weg will ich gehen.

Nachwort

Einige Zeit ist vergangen, seit ich dieses Buch schrieb. Nun habe ich mich mit Tipp-Ex versorgt, um es zu zensieren. Ich streiche Beschreibungen, die meinen Vater kenntlich machen könnten. Vermale die juristische Tinte, in der ich sitze.

Als ich meinen fünfundzwanzigsten Geburtstag feierte, fehlte mir noch jegliche Erinnerung an den sexuellen Mißbrauch. Das war der Tag, an dem die zehnjährige Verjährungsfrist für meinen Vater endete. Seitdem ist er vor einer Anklage geschützt. Daß mein Vater weiterhin berufliche Kontakte mit Kindern und Jugendlichen hat, scheint nur mich, nicht aber den Gesetzgeber zu beunruhigen. Nun kann er mich wegen Verleumdung anzeigen, wenn ich ihn des sexuellen Mißbrauchs beschuldige. Um dieses Buch zu veröffentlichen, bedurfte es auch des Mutes des Verlages.

Die Gesetzeslage gestattet es den Tätern, ihre früheren Opfer vor den Richtertisch zu stellen, um dort ihr Schweigen zu erzwingen. Es klingt ungeheuerlich, aber solche Prozesse finden statt. Das ist für die Betroffenen eine große Belastung, und es ist ihnen nur selten möglich, den sexuellen Mißbrauch zu beweisen.

Im Bundestag wurde 1993 über diese Verjährungsfrist diskutiert. Zahlreiche Unterschriftenlisten gingen beim Rechtsausschuß ein und forderten die Abschaffung dieser Regelung. 1994 kam es immerhin zu einer Verlängerung der Verjährungsfrist für sexuellen Mißbrauch. Sie endet nun im achtundzwanzigsten Lebensjahr, wird aber den Betroffenen nicht gerecht, die sich erst später an ihre traumatischen Kindheitserlebnisse erinnern können.

Mein Vater erzählt seinen Bekannten, ich sei geistig verwirrt. Der sexuelle Mißbrauch habe sich nicht in meinem Kinderbett, sondern in meiner Phantasie ereignet. Damit liegt er immer noch – oder schon wieder – im Trend der Zeit:

In den Medien ist vom »Mißbrauch des Mißbrauchs« die Rede. Alt-68er kommen zu Wort: Rachsüchtige Ehefrauen und aufdeckungsbesessene Kindergärtnerinnen würden Kinder zu fälschlichen Beschuldigungen mißbrauchen. Feministinnen würden die Dunkelziffern hochtreiben, um Steuergelder für Beratungseinrichtungen zu erschleichen. Prüderie und Sexualfeindlichkeit seien die treibenden Motive der öffentlichen Diskussion über sexuelle Gewalt. Pädophile fordern »die Entkriminalisierung aller einvernehmlichen sexuellen Beziehungen zwischen Kindern und Erwachsenen«. Wie »einvernehmlich« eine solche Beziehung aussieht, habe ich an Leib und Seele erleben müssen.

An dieser Stelle aber sollen solcherlei Widrigkeiten nicht das letzte Wort haben. Es besteht Grund zu der Hoffnung, daß sich in unserer Gesellschaft ein Wandel vollzieht.

Ich bin vielen Menschen begegnet, die mir Mut machen. Da ist meine Mutter, die mir trotz der Lügen meines Vaters glaubt. Da sind meine Freundinnen, die mich bei der Bewältigung des Mißbrauchs begleiten und unterstützen.

In einer Selbsthilfegruppe traf ich andere betroffene Frauen, die ihr Schweigen brachen und mir das Gefühl gaben, nicht allein mit meinen Schwierigkeiten zu sein.

Meine Therapeutin steht zuverlässig und einfühlsam an meiner Seite und hilft mir, mich und meine Geschichte zu entdecken und zu verstehen.

Ich denke auch an MitarbeiterInnen von *Wildwasser*, vom Jugendamt, von Kinderheimen und vom Familiengericht, deren Engagement ich erlebte, als ich letztes Jahr ein Mädchen während der Aufdeckung ihres Mißbrauchs begleitete.

Meine Erinnerungen waren schmerzhaft und erschreckend. Die Bewältigung des Inzests erfordert Hilfe von anderen und viel Geduld. Ich beginne mich zu kennen und zu mögen. Vielleicht wird irgendwann auch eine befriedigende Partnerschaft möglich, vielleicht werde ich einmal eigene Kinder haben. Noch bin ich keine dreißig Jahre alt. Es ist ein mühsamer Weg. Doch ich meine, er ist es wert, ihn zu gehen.

Die Frau in der Gesellschaft

Gisela Kramer
**Wer ist die Beste
im ganzen Land?**
Konkurrenz
unter Frauen
Band 11292

Linda Leonard
**Töchter
und Väter**
Heilung einer ver-
letzten Beziehung
Band 4745

Harriet G. Lerner
**Das mißdeutete
Geschlecht**
Falsche Bilder der
Weiblichkeit in
Psychoanalyse
und Therapie
Band 11842

Harriet G. Lerner
**Wohin mit
meiner Wut?**
Neue Beziehungs-
muster für Frauen
Band 4735
Zärtliches Tempo
Band 10115

H. Lightfoot-Klein
**Das grausame
Ritual**
Sexuelle Verstüm-
melung afrika-
nischer Frauen
Band 10993

Karen Lison/
Carol Poston
**Weiterleben
nach dem Inzest**
Traumabewältigung
und Selbstheilung
Band 10422

C. Meier-Seethaler
**Ursprünge
und Befreiung**
Die sexistischen
Wurzeln der Kultur
Band 11038

M. Mitscherlich
**Die friedfertige
Frau**
Eine psychoanaly-
tische Untersuchung
zur Aggression
der Geschlechter
Band 4702

Fischer Taschenbuch Verlag